Y0-BUP-377

OCHO
ENTREMESES

OCHO

COMEDIAS, Y OCHO ENTREMESES NVEVOS,

Nunca repreſentados.

COMPVESTAS POR MIGVEL de Ceruantes Saauedra.

DIRIGIDAS A DON PEDRO FERnandez de Caſtro, Conde de Lemos, de Andrade, y de Villalua, Marques de Sarria, Gentilhombre de la Camara de ſu Mageſtad, Comendador de la Encomienda de Peñafiel, y la Zarça, de la Orden de Alcantara, Virrey, Gouernador, y Capitan general del Reyno de Napoles, y Preſidente del ſupremo Conſejo de Italia.

LOS TITVLOS DESTAS OCHO COMEDIAS, Y ſus entremeſes van en la quarta hoja.

Año  1615.

CON PRIVILEGIO.

EN MADRID, *Por la viuda de Alonſo Martin.*

A coſta de Iuan de Villarroel, mercader de libros, vendenſe en ſu caſa a la plaçuela del Angel.

The Hispanic Society of America

Frontispicio de la edición original

OCHO ENTREMESES

Miguel de Cervantes Saavedra

Edited by

JUAN BAUTISTA AVALLE-ARCE

University of North Carolina, Chapel Hill

PRENTICE-HALL, INC.

Englewood Cliffs, New Jersey

PRENTICE-HALL INTERNATIONAL, INC., *London*
PRENTICE-HALL OF AUSTRALIA, PTY. LTD., *Sydney*
PRENTICE-HALL OF CANADA, LTD., *Toronto*
PRENTICE-HALL OF INDIA PRIVATE LTD., *New Delhi*
PRENTICE-HALL OF JAPAN, INC., *Tokyo*

13-630384-6

Library of Congress Catalog Card No. 74-92341

Current printing (last digit):

10 9 8 7 6 5 4 3 2 1

Printed in the United States of America

INDICE

OCHO ENTREMESES

INTRODUCCION

Miguel de Cervantes Saavedra (nacido en Alcalá de Henares en 1547, muerto en Madrid en 1616), sintió desde muy temprano una irresistible pasión por el teatro. Allá por el año 1580, cuando volvió a España después de cinco años de cautiverio entre los piratas de Argel, se halló con su vida arruinada y sin medios económicos para rehacerla. Las heridas recibidas en cinco años de servicio en el ejército español (1570–1575) le impedían continuar la vida militar; los cinco años de cautiverio en Argel (1575–1580) le habían hecho perder todo contacto con la vida civil.

Esta era la triste situación de Cervantes al desembarcar, recién rescatado, en la costa valenciana, en noviembre de 1580. Pero si las puertas de la vida estaban cerradas, quizá las puertas de la literatura estuviesen abiertas. Y así fue cómo Cervantes, a poco de su regreso a España, se convirtió en un hombre de letras. Allá en su juventud, antes de hacerse soldado, había escrito (como tantos jóvenes) algunas poesías ocasionales; ahora se trataba de ganarse la vida con la pluma. Ni la poesía ni la novela ofrecían seguridades de éxito, al menos financiero, y Cervantes no tenía ni la educación ni el temperamento para escribir prosa doctrinal. Quedaba, como posible solución, el teatro. Y, efectivamente, a escribir teatro se dedicó a lo largo de toda la primera época de su regreso a España.

El teatro ofrecía ingresos económicos bastante seguros, aunque no muy brillantes. Los *autores de comedias* (o sea, los empresarios teatrales, en el lenguaje de la época), firmaban contratos con los dramaturgos, en los que éstos se comprometían a entregar a aquéllos un número determinado de obras dramáticas, y para ciertas fechas fijas. El autor de comedias, por su parte, se comprometía a pagar una suma determinada por cada comedia.

Si fue la necesidad que llevó a Cervantes a escribir para el teatro, pronto, sin embargo, reveló su talento literario, y adquirió fama y renombre como dramaturgo. A su vez, Cervantes se sentía cada vez más seguro de sus dotes poéticas, al punto que en Sevilla, el 5 de septiembre de 1592, firmaba con el empresario Rodrigo Osorio un contrato peculiarísimo. Por él, el poeta se comprometía a escribir seis comedias, "con la claridad que convenga", según estipula el contrato; el empresario se comprometía a representarlas a los veinte días de recibidas, y a pagar cincuenta ducados por cada una de ellas (una suma respetable). Pero, si pasada la representación, se veía que la comedia "no es una de las mejores que se han representado en España", el empresario no tenía que pagarle cosa alguna por ella. Sin esta suprema fe en sí mismo, el *Quijote* no se hubiese escrito nunca.

Pero no todos los factores contribuían a esa orgullosa fe. Una vez lanzado por el camino de las letras, Cervantes decidió experimentar con la novela, y así, en 1585, publicó la *Galatea,* una novela pastoril, que pasó totalmente desapercibida. El teatro, en cambio, sí le brindaba éxitos, y alguna de sus obras dramáticas de esta época se considera todavía como de lo mejor en su género. Así, por ejemplo, la *Numancia* es una de las mejores tragedias del teatro español.

Desgraciadamente, también los éxitos teatrales iban a convertirse en efímeros. Cuando muchos años más tarde Cervantes recogió y publicó algunas de sus obras dramáticas, él mismo, en el prólogo que les puso, se encargó de explicar lo ocurrido. Lo hizo en los siguientes términos: "Compuse en este tiempo hasta veinte comedias o treinta, que todas ellas se recitaron sin que se les ofreciese ofrenda de pepinos ni de otra cosa arrojadiza;[1] corrieron su carrera sin silbos, gritos ni barahundas.[2] Tuve otras cosas en que ocuparme; dejé la pluma y las comedias, y entró luego el monstruo de la naturaleza, el gran Lope de Vega, y alzóse con la monarquía cómica. Avasalló y puso debajo de su jurisdicción a todos los farsantes;[3] llenó el mundo de comedias propias, felices y bien razonadas, y tantas que pasan de diez mil pliegos los que tiene escritos." El

---

[1] **arrojadizo:** algo que se puede arrojar, tirar. [2] **silbos, gritos, barahunda:** *whistles, screams, racket.* [3] **farsante:** actor.

tono desilusionado de estas tristes admisiones confirma lo evidente: la ascendente estrella dramática de Lope de Vega implicaba el descenso de la boga de Cervantes. Nuevas generaciones, nuevos gustos, nuevos valores y nuevas técnicas dramáticas, todo contribuyó a arrinconar[4] a Cervantes el dramaturgo. Pero todo contribuyó, también, a dar libre paso a Cervantes el novelista.

Si Cervantes dejó de escribir para el teatro, su interés en él no decayó ni un instante. Para probarlo basta leer los largos pasajes de crítica teatral que inserta en el *Quijote* (por ejemplo, parte I, caps. XLIX–L). Y ni el propio y sensacional éxito del *Quijote* (primera parte, 1605; segunda parte, 1615) le hizo olvidar su antiguo amor por el teatro. Y así, el mismo año en que apareció la segunda parte del *Quijote,* Cervantes publicó, asimismo en Madrid, un volumen más pequeño intitulado *Ocho comedias y ocho entremeses nuevos, nunca representados.* Por fin, muy cerca ya del final de su vida, Cervantes se decidía a recoger en un volumen su producción dramática, aunque fuese en parte mínima. Y es probable que el propio éxito de Lope de Vega haya inducido a Cervantes a publicar ese tomo, parte como tributo a las nuevas técnicas de Lope, y parte como reto[5] a las mismas.

No me haré cargo de las comedias, pues sólo me conciernen los entremeses. Antes de seguir adelante conviene recordar que estos entremeses no se habían representado. Así lo dice el título, y así lo repite Cervantes en la dedicatoria de la obra al Conde de Lemos, cuando le dice que los entremeses "no van manoseados[6] ni han salido al teatro". Al imprimirlos directamente, y asegurar así su lectura por la posteridad, Cervantes da conscientemente a estas obrillas una categoría artística infinitamente superior a la que tenían hasta entonces.

Para aclarar todo esto conviene ahora ver qué era un entremés. El nombre se debe a Juan de Timoneda, quien lo utilizó en su colección dramática intitulada *Turiana* (1565), y es bien apropiado, porque se representaban *entre* el acto primero y el acto segundo de las comedias. En forma oscura, el ambiente festivo del entremés se puede remontar a las celebraciones paganas del Carnaval. Pero no es necesario andarse tan por las ramas, y se puede afirmar categóricamente que el entremés es un subgénero literario que adquiere materia y forma efectivas con Lope de Rueda (1505?–1565). El mejor elogio "de este célebre español"

---

[4] **arrinconar:** poner a un lado, en un rincón. [5] **reto:** desafío. [6] **manoseado:** algo muy tocado por las manos.

lo hace el propio Cervantes en el prólogo ya citado a sus comedias y entremeses, donde le llama "varón insigne en la representación y en el entendimiento . . . hombre excelente y famoso".

Con Lope de Rueda el entremés deja de ser un simple episodio cómico, agregado, mal que bien, a una comedia. Adquiere autonomía y perfil propio, y se coloca en un terreno que se convertirá en característicamente suyo. Ese terreno es el que queda deslindado por un lado por la pintura de la sociedad contemporánea (costumbres, tipos, hablas), y por el otro por la literatura narrativa, ya sea descriptiva o dramática.

Este primitivo entremés mantiene sus características de escuela hasta la propia época de Cervantes, quien se convierte en un innovador mayor del género. El lenguaje es coloquial, de prosa diaria, y la acción se centra alrededor de dos tipos dramáticos: el fanfarrón y el bobo. El fanfarrón remonta en última instancia al *miles gloriosus* (soldado fanfarrón) de la comedia latina, pero debe mucho más, y en forma más efectiva, a los rufianes cobardes de la *Celestina,* la obra maestra de Fernando de Rojas. Las características del fanfarrón o rufián cobarde quedan definidas en su nombre. En cuanto al bobo, se trata de un personaje típicamente folklórico: el ignorante inocente, que triunfa, por esas mismas cualidades, sobre el astuto engañador.

Ya en época de Cervantes se producen ciertas innovaciones en el entremés, que él presentará con sabia madurez. Las principales innovaciones son dos, y obedecen a la influencia de la nueva comedia y del nuevo romancero sobre el entremés. En primer lugar, el progresivo triunfo del verso ante la prosa, que llega a desaparecer ante el uso cada vez mayor del endecasílabo (el verso italiano) y del octosílabo (el verso español). En segundo lugar, la aparición del entremés de figuras (el término es de Eugenio Asensio, el mejor conocedor del género), que representa un cambio de enfoque respecto a la práctica de Lope de Rueda. Este llenaba la acción dramática con la observación y aventuras de un tipo; el entremés de figuras reconoce la complejidad social y se dedica a catalogar y estudiar su rica variedad.

En esta coyuntura es cuando Cervantes escribe sus entremeses. La cronología de ellos es debatible, pero creo que las últimas investigaciones comprueban que son tardíos, de hacia 1610 o después. Hay que tener en cuenta, además, que en 1614, cuando Cervantes publicó su largo poema narrativo *El viaje del Parnaso,* prometió allí seis entremeses, y que al publicarlos en 1615, éstos resultaron ocho. Dado el progresivo triunfo del verso sobre la prosa, que acabo de mencionar, es de suponer que los dos entremeses escritos en 1614–1615 serán los dos en verso: *El rufián viudo* y *La elección de los alcaldes de Daganzo.*

El juez de los divorcios es el primero de la colección, y en él Cervantes casi anula la acción dramática. Esta anomalía es, desde luego, muy intencional, porque lo que ha ocurrido es que Cervantes ha aplicado a un género dramático ciertas técnicas de la novela. Se trata de un consciente esfuerzo de ampliar las posibilidades del entremés a través, por ejemplo, de evocaciones descriptivas más propias de la novela que del drama. Este cruce de técnicas constituye una de las contribuciones más efectivas de Cervantes a la historia del entremés. Y antes de seguir adelante quizá convenga hacer aquí una observación válida para todos los entremeses: al estudiarlos, como al estudiar toda obra literaria, no hay que dejarse deslumbrar por su realismo, por su valor como cuadro de costumbres. Es peligroso hacer sociología sobre obras que están montadas sobre la imaginación y el humor. No olvidar nunca que los datos realistas están ordenados por una imaginación festiva.

El rufián viudo nos lleva a un mundo picaresco que Cervantes había poblado ya con deliciosas criaturas de arte en *Rinconete y Cortadillo,* en *El coloquio de los perros,* y en tantas otras obras. Y nuevamente vemos aquí cómo la técnica novelística ayuda a superar la simplicidad del entremés: el cambio espiritual de Trampagos enriquece considerablemente la relativa sencillez de motivaciones y sentimientos del entremés.

La elección de los alcaldes de Daganzo, con sus puntas de sátira social, nos hace penetrar en un mundo aldeano y rústico, en que se combinan la simplicidad y la sabiduría en medidas que recuerdan el mundo de Sancho Panza. Y ya al final de la obra, al introducirse las infaltables músicas y danzas con que acababan los entremeses, allí aparecen los gitanos. Había sido el propio Cervantes, en *La gitanilla,* quien había rescatado de una vez para siempre al gitano del mundo de la sórdida realidad para introducirlo en la literatura.

En *La guarda cuidadosa* se remoza con fina observación y gracia un antiquísimo tema literario. En la Edad Media el tema es conocido como el debate entre dos mujeres acerca de los méritos relativos de sus amantes, uno de los cuales es un clérigo y el otro un caballero (ejemplo español: *Elena y María,* poema del siglo XIII). En el Renacimiento se universalizan (y abstraen) los términos de la disputa, que se convierte ahora en el debate de las armas y las letras, tema de un elocuente discurso de don

Quijote (I, caps. XXXVII–XXXVIII). En este entremés los términos del debate vuelven a corporizarse imaginativa y humorísticamente en las personas de un soldado pobre y de un sacristán no muy rico.

El vizcaíno fingido pertenece a un mundo superior en la escala social al de la picaresca pura, aunque no superior en la escala moral. Es el mundo ambiguo de las cortesanas ricas y los estudiantes pobres, en el que el inevitable engaño sirve para iluminar la conciencia de los personajes. Y para reforzar el elemento cómico, ahí está el vasco con su media lengua, que Cervantes ya había vaciado en un molde muy distinto en el *Quijote* (I, cap. VIII).

El retablo de las maravillas, en apariencia, es una reelaboración de viejo material folklórico, que llega, por lo menos, hasta Hans Christian Andersen (*El vestido nuevo del emperador*). Pero conviene mirar al tema desde otro ángulo, para apreciar, de una vez por todas, la complejidad y profundidad del arte cervantino. Porque en su esencia, lo que nos propone este entremés, por debajo de su tono de regocijada farsa, es la opción de que o el hombre es un ingenuo imbécil, o de que su sistema de valores es una engañosa ilusión. O bien, ambas cosas a la vez.

La cueva de Salamanca nos presenta un Cervantes inevitablemente influido por la literatura italiana, modelo de Europa, ya que la fuente del entremés es Boccaccio (*Decamerón,* VII, 2, y recuerdos de algunos otros lugares). Pero también nos demuestra cómo Cervantes supera siempre a todos sus modelos, aquí cuando nos presenta la *novella* italiana en términos de una popularísima tradición española. Pero las dimensiones del entremés tradicional casi estallan ante la concepción cervantina, que exige un espacio temporal mucho mayor del que permitía el género.

Y por último, *El viejo celoso,* cuya lectura se debe simultanear con la de *El celoso extremeño.* El argumento de esta novela ejemplar apunta a la complejidad inherente a todo adulterio (a todo engaño), mientras que el entremés rápidamente desnuda las motivaciones humanas hasta dejarlas convertidas en las caricaturas de sí mismas, convertidas en meros apetitos animales.

Otros entremeses se han atribuido a Cervantes, pero la paternidad de ellos es imposible de comprobar, y, además, él sólo quiso publicar éstos. Pero ellos bastan para erigirlo en uno de los maestros del género. No sólo Cervantes contribuyó decisivamente al paso de prosa a verso, sino que también dejó profundísima huella en la tipología del entremés. En primer lugar, en su teatro desaparecen los anteriores tipos tradicionales del fanfarrón y del bobo. O mejor dicho, se metamorfosean, porque la figura del fanfarrón tiene su equivalente dramático en la del soldado pobre, que a su vez está presentado en variada perspectiva (comparar, por ejemplo, el soldado de *El juez de los divorcios* con el de *La guarda cuidadosa*). Y la figura del bobo también tiene su nueva y propia problemática, como lo demuestra ampliamente la variedad de pretendientes en *La elección de los alcaldes de Daganzo,* que son otras tantas superaciones de la figura del bobo. Y al dejar atrás esta tipología embrionaria, Cervantes da un gran avance en la catalogación de la rica fauna social de su época. Agréguense a todo esto el sabio uso de los artificios técnicos propios del novelista, los primores de estilo y los aciertos de lenguaje, la imaginación viva pero disciplinada, el humor generoso y comprensivo, y en suma se verá la justicia que hay en proclamar a Cervantes como el más genial de los entremesistas españoles.

El género, sin embargo, siguió evolucionando, y llegó a nuevas cumbres de perfección con Luis Quiñones de Benavente (1589?–1651). Pero se trata ya de una nueva generación literaria, de otras técnicas dramáticas, y de una distinta historia que contar.

Juan Bautista Avalle-Arce

I

EL JUEZ DE LOS DIVORCIOS

Sale EL JUEZ, *y otros dos con él, que son* ESCRIBANO *y* PROCURADOR,[1]
y siéntase en una silla; salen EL VEJETE[2] *y* MARIANA, *su mujer.*

MARIANA

Aun bien que está ya el señor juez de los divorcios sentado en la silla de su audiencia. Desta[3] vez tengo de quedar dentro o fuera; desta vegada[4] tengo de quedar libre de pedido y alcabala,[5] como el gavilán.[6]

EL VEJETE

Por amor de Dios, Mariana, que no almodonees[7] tanto tu negocio; habla paso,[8] por la pasión que Dios pasó;[9] mira que tienes atronada a toda la vecindad con tus gritos; y, pues tienes delante al señor juez, con menos voces le puedes informar de tu justicia. 5

---

1 **procurador:** persona que en los tribunales representa a los acusados. 2 **vejete:** diminutivo despectivo de "viejo". 3 **desta:** de esta. Nótese que era muy común el uso de formas apocopadas: desa (de esa), deste (de este), della (de ella), etc. 4 **vegada:** vez. 5 **pedido y alcabala:** dos tipos de impuestos antiguos. 6 **libre . . . como el gavilán:** frase común de ponderación, libre totalmente. 7 **almodonear:** Este verbo no existió nunca y la palabra será errata por **almonedear:** poner en almoneda (*to auction*). El Vejete se refiere, pues, a los gritos y voces de Mariana, como si estuviese en una venta pública. 8 **paso:** en voz baja. 9 Nótese como la repetición de las consonantes *p* y *s* refuerza la petición de silencio.

EL JUEZ

¿Qué pendencia traéis, buena gente?

MARIANA

Señor, ¡divorcio, divorcio, y más divorcio, y otras mil veces divorcio!

EL JUEZ

¿De quién, o por qué, señora?

MARIANA

5 ¿De quién? Deste viejo, que está presente.

EL JUEZ

¿Por qué?

MARIANA

Porque no puedo sufrir sus impertinencias, ni estar contino[10] atenta a curar todas sus enfermedades, que son sin número; y no me criaron a mí mis padres para ser hospitalera ni enfermera. Muy 10 buen dote llevé al poder desta espuerta[11] de huesos, que me tiene consumidos los días de la vida; cuando entré en su poder, me relumbraba la cara como un espejo, y agora[12] la tengo con una vara de frisa[13] encima. Vuesa merced,[14] señor juez, me descase,[15] si no quiere que me ahorque; mire, mire los surcos que tengo por este 15 rostro, de las lágrimas que derramo cada día, por verme casada con esta anatomía.[16]

EL JUEZ

No lloréis, señora; bajad la voz y enjugad las lágrimas, que yo os haré justicia.

---

10 **contino:** continuamente. 11 **espuerta:** una cesta con asas. 12 **agora:** ahora. 13 **frisa:** tela ordinaria de lana. 14 **Vuesa merced:** vuestra merced (*Your Grace*), antigua fórmula de tratamiento respetuoso que después de muchos cambios ha dado el moderno *usted.* 15 **descasar:** divorciar. 16 **anatomía:** esqueleto.

MARIANA

Déjeme vuesa merced llorar, que con esto descanso. En los reinos y en las repúblicas bien ordenadas, había de ser limitado el tiempo de los matrimonios, y de tres en tres años[17] se habían de deshacer, o confirmarse de nuevo, como cosas de arrendamiento, y no que hayan de durar toda la vida, con perpetuo dolor de entrambas[18] partes. 5

EL JUEZ

Si ese arbitrio[19] se pudiera o debiera poner en práctica, y por dineros, ya se hubiera hecho; pero especificad más, señora, las ocasiones que os mueven a pedir divorcio.

MARIANA

El invierno de mi marido, y la primavera[20] de mi edad; el quitarme el sueño, por levantarme a media noche a calentar paños y saquillos[21] de salvado[22] para ponerle en la ijada;[23] el ponerle, ora aquesto,[24] ora aquella ligadura,[25] que ligado le vea yo a un palo por justicia; el cuidado que tengo de ponerle de noche alta la cabecera de la cama, jarabes[26] lenitivos,[27] porque no se ahogue del pecho; y el estar obligada a sufrirle el mal olor de la boca, que le güele[28] mal a tres tiros[29] de arcabuz.[30] 10 15

ESCRIBANO

Debe de ser alguna muela podrida.[31]

EL VEJETE

No puede ser, porque lleve el diablo la muela ni diente que tengo en toda ella. 20

---

17 Era costumbre administrativa firmar ciertos contratos de arrendamiento por períodos de tres años. 18 **entrambas:** ambas. 19 **arbitrio:** proyecto de solución. 20 **invierno . . . primavera:** vejez . . . juventud. 21 **saquillo:** saco pequeño. 22 **salvado:** *chaff*. Los saquillos de salvado servían los mismos fines que las modernas bolsas de agua caliente. 23 **ijada:** costado. 24 **aquesto:** esto. 25 **ligadura:** venda que se solía poner para la jaqueca. 26 **jarabe:** *syrup*. 27 **lenitivo:** que calma. 28 **güele:** pronunciación vulgar de *huele,* de oler. 29 **tiro:** espacio que recorre una bala. 30 **arcabuz:** *harquebus,* arma de fuego antigua. 31 **podrido:** *rotten*.

PROCURADOR

Pues ley hay que dice (según he oído decir) que por sólo el mal olor de la boca se puede descasar la mujer del marido, y el marido de la mujer.

EL VEJETE

En verdad, señores, que el mal aliento[32] que ella dice que tengo, 5 no se engendra de mis podridas muelas, pues no las tengo, ni menos procede de mi estómago, que está sanísimo, sino desa mala intención de su pecho. Mal conocen vuesas mercedes a esta señora; pues a fe[33] que, si la conociesen, que la ayunarían[34] o la santiguarían.[35] Veinte y dos años ha que vivo con ella mártir, sin haber sido jamás con- 10 fesor[36] de sus insolencias, de sus voces y de sus fantasías, y ya va para dos años que cada día me va dando vaivenes y empujones hacia la sepultura, a cuyas voces me tiene medio sordo, y, a puro reñir,[37] sin juicio. Si me cura, como ella dice, cúrame a regañadientes;[38] habiendo de ser suave la mano y la condición del médico. 15 En resolución,[39] señores, yo soy el que muero en su poder, y ella es la que vive en el mío, porque es señora, con mero mixto imperio,[40] de la hacienda que tengo.

MARIANA

¿Hacienda vuestra? ¿qué hacienda tenéis vos, que no la hayáis ganado con la que llevastes en mi dote? Y son míos la mitad de los 20 bienes gananciales,[41] mal que os pese;[42] y dellos[43] y de la dote, si me muriese agora, no os dejaría valor de un maravedí, porque veáis el amor que os tengo.

---

32 **aliento:** olor de la boca. 33 **a fe:** por mi fe. 34 **ayunar (a alguien):** temerle. 35 **santiguar:** hacer la señal de la cruz. El Vejete quiere decir que del temor de ver a Mariana la gente se santiguaría como si fuese ella un diablo. 36 **mártir . . . confesor:** comunes atributos de los santos. El Vejete ha vivido como un mártir con Mariana pero nunca ha confesado nada de esto. 37 **a puro reñir:** a fuerza de reñir. 38 **a regañadientes:** de mala gana. 39 **en resolución:** en conclusión. 40 **mero mixto imperio:** fórmula jurídica que quiere decir señorío absoluto. 41 **bienes gananciales:** bienes ganados por el marido o la mujer durante el matrimonio. 42 **mal que os pese:** a pesar vuestro. 43 **dellos:** de ellos (ver nota 3).

EL JUEZ

Decid, señor: cuando entrastes en poder de vuestra mujer, ¿no entrastes gallardo, sano, y bien acondicionado?

EL VEJETE

Ya he dicho que ha[44] veinte y dos años que entré en su poder, como quien entra en el de un cómitre[45] calabrés[46] a remar en galeras de por fuerza, y entré tan sano, que podía decir y hacer[47] como quien juega a las pintas.[48] 5

MARIANA

Cedacico nuevo, tres días en estaca.[49]

EL JUEZ

Callad, callad, nora en tal,[50] mujer de bien, y andad con Dios; que yo no hallo causa para descasaros; y, pues comistes las maduras, gustad de las duras;[51] que no está obligado ningún marido a tener la velocidad y corrida del tiempo, que no pase por su puerta y por sus días; y descontad los malos que ahora os da, con los buenos que os dio cuando pudo; y no repliquéis más palabra. 10

EL VEJETE

Si fuese posible, recebiría[52] gran merced que vuesa merced me la hiciese de despenarme,[53] alzándome esta carcelería;[54] porque, dejándome así, habiendo ya llegado a este rompimiento,[55] será de 15

---

44 **ha:** hace, de hacer. 45 **cómitre:** patrón de las galeras que castigaba a los esclavos. 46 **calabrés:** natural de Calabria en el sur de Italia. En las galeras turcas había muchos renegados calabreses. 47 **decir y hacer:** términos del juego de pintas. El Vejete alude al hecho de que en aquella época él era fuerte y joven. 48 **pintas:** juego de naipes. 49 **Cedacico . . . estaca:** refrán que expresa la idea de que la bondad de lo nuevo dura poco. **Cedacico:** diminutivo de cedazo, un instrumento para cerner harina y otras cosas. 50 **nora en tal:** eufemismo por en hora mala. 51 **Comer las maduras, gustar de las duras:** refrán que expresa la idea de que después de lo bueno hay que estar dispuesto a afrontar lo malo. "Maduras" y "duras" se refieren a frutas. 52 **recebir:** recibir. 53 **despenar:** sacar de pena. 54 **carcelería:** cárcel. 55 **rompimiento:** acción y efecto de romper, ruptura.

nuevo entregarme al verdugo que me martirice;[56] y si no, hagamos una cosa: enciérrese ella en un monesterio,[57] y yo en otro; partamos la hacienda, y desta suerte podremos vivir en paz y en servicio de Dios lo que nos queda de la vida.

MARIANA

5 ¡Malos años! ¡Bonica[58] soy yo para estar encerrada! No sino llegaos[59] a la niña, que es amiga de redes,[60] de tornos,[61] rejas y escuchas;[62] encerraos vos, que lo podréis llevar y sufrir, que ni tenéis ojos con qué ver, ni oídos con qué oír, ni pies con qué andar, ni mano con qué tocar: que yo, que estoy sana, y con todos mis cinco sentidos 10 cabales y vivos, quiero usar dellos a la descubierta,[63] y no por brújula,[64] como quínola[65] dudosa.

ESCRIBANO

Libre es la mujer.

PROCURADOR

Y prudente el marido; pero no puede más.

EL JUEZ

Pues yo no puedo hacer este divorcio, *quia nullam invenio causam*.[66]

---

56 **martirizar:** torturar como a un mártir. 57 **monesterio:** monasterio. 58 **Bonica soy yo:** bonita soy yo. Hoy decimos "bueno (buena) soy yo", que es forma irónica de expresar la idea opuesta: yo *no* soy bueno. La expresión se usa cuando no se quiere hacer algo. 59 **llegaos:** (de llegar) y formas análogas es el imperativo de la segunda persona del plural. 60 **red:** *grating, grille*. En las ventanas para hablar al público en los conventos de monjas se colocan *rejas* en la parte de fuera, y *redes* en la parte de dentro. 61 **torno:** artefacto (que gira, construído en una pared, para pasar objetos del exterior al interior de un convento, o al revés, sin que se vean las personas. 62 **escucha:** monja que está presente a la conversación de otra monja con su familia o amigos. 63 **a la descubierta:** en forma abierta. 64 **brújula:** agujero por donde se puede mirar mejor un objeto. **Por brújula:** en forma recatada. 65 **quínola:** combinación en ciertos juegos de naipes. Los jugadores brujulean los naipes para ver si tienen quínola. 66 **quia nullam invenio causam:** latín, "porque no encuentro causa (o delito)", palabras de Pilatos al negarse a sentenciar a Cristo (San Juan, XVIII: 38).

Entra un SOLDADO *bien aderezado, y su mujer* DOÑA GUIOMAR.

DOÑA GUIOMAR

¡Bendito sea Dios!, que se me ha cumplido el deseo que tenía de verme ante la presencia de vuesa merced, a quien suplico, cuan[67] encarecidamente[68] puedo, sea servido de descasarme déste.[69]

EL JUEZ

¿Qué cosa es *déste*? ¿No tiene otro nombre? Bien fuera que dijérades[70] siquiera: "deste hombre". 5

DOÑA GUIOMAR

Si él fuera hombre, no procurara yo descasarme.

EL JUEZ

Pues ¿qué es?

DOÑA GUIOMAR

Un leño.[71]

SOLDADO

(*Aparte*) Por Dios, que he de ser leño en callar y en sufrir. Quizá con no defenderme ni contradecir a esta mujer el juez se inclinará 10 a condenarme; y, pensando que me castiga, me sacará de cautiverio, como si por milagro se librase un cautivo de las mazmorras[72] de Tetuán.[73]

PROCURADOR

Hablad más comedido,[74] señora, y relatad vuestro negocio, sin

---

67 **cuan**: todo lo más que se puede. 68 **encarecidamente**: adverbio de encarecer. 69 **déste**: de éste. Forma despectiva de referirse a alguien. 70 **dijérades**: forma antigua de *dijerais*, de decir. 71 **leño**: persona insensible y de poco talento. 72 **mazmorra**: prisión subterránea. 73 **Tetuán**: ciudad de los moros en Marruecos (*Morocco*). 74 **comedido**: cortés, moderado.

improperios[75] de vuestro marido, que el señor juez de los divorcios, que está delante, mirará rectamente por vuestra justicia.

DOÑA GUIOMAR

Pues ¿no quieren vuesas mercedes que llame leño a una estatua, que no tiene más acciones que un madero?

MARIANA

5 Ésta y yo nos quejamos sin duda de un mismo agravio.

DOÑA GUIOMAR

Digo, en fin, señor mío, que a mí me casaron con este hombre, ya que quiere vuesa merced que así lo llame, pero no es este hombre con quien yo me casé.

EL JUEZ

¿Cómo es eso?, que no os entiendo.

DOÑA GUIOMAR

10 Quiero decir, que pensé que me casaba con un hombre moliente y corriente,[76] y a pocos días me hallé que me había casado con un leño, como tengo dicho; porque él no sabe cuál es su mano derecha, ni busca medios ni trazas para granjear[77] un real con que ayude a sustentar su casa y familia. Las mañanas se le pasan en oír misa y en 15 estarse en la puerta de Guadalajara[78] murmurando, sabiendo nuevas, diciendo y escuchando mentiras; y las tardes, y aun las mañanas también, se va de casa en casa de juego, y allí sirve de número[79] a los mirones,[80] que, según he oído decir, es un género de gente a quien aborrecen en todo extremo los gariteros.[81] A las dos de la tarde viene

---

75 **improperio:** insulto. 76 **moliente y corriente:** usual, común. 77 **granjear:** ganar. 78 **puerta de Guadalajara:** puerta del antiguo Madrid donde empezaba el camino de Guadalajara, ciudad al nordeste de Madrid. 79 **servir de número:** aumentar el número. 80 **mirón:** persona que mira con mucha curiosidad. 81 **garitero:** dueño de un garito o casa de juego.

a comer, sin que le hayan dado un real de barato,[82] porque ya no se usa el darlo; vuélvese a ir; vuelve a media noche; cena si lo halla; y si no, santíguase, bosteza y acuéstase; y en toda la noche no sosiega, dando vueltas. Pregúntole qué tiene. Respóndeme que está haciendo un soneto en la memoria para un amigo que se le ha 5 pedido; y da en ser[83] poeta, como si fuese oficio con quien no estuviese vinculada la necesidad[84] del mundo.

SOLDADO

Mi señora doña Guiomar, en todo cuanto ha dicho, no ha salido de los límites de la razón; y, si yo no la[85] tuviera en lo que hago, como ella la tiene en lo que dice, ya había yo de haber procurado 10 algún favor[86] de palillos[87] de aquí o de allí, y procurar verme, como se ven otros hombrecitos aguditos y bulliciosos, con una vara[88] en las manos, y sobre una mula de alquiler,[89] pequeña, seca y maliciosa, sin mozo de mulas que le acompañe, porque las tales mulas nunca se alquilan sino a faltas[90] y cuando están de nones;[91] sus alforjitas a 15 las ancas, en la una un cuello y una camisa, y en la otra su medio queso, y su pan y su bota; sin añadir a los vestidos que trae de rúa,[92] para hacellos[93] de camino, sino unas polainas[94] y una sola espuela; y, con una comisión y aun comezón[95] en el seno, sale por esa Puente Toledana[96] raspahilando,[97] a pesar de las malas mañas de la harona,[98] 20

---

[82] **barato:** propina que daban los jugadores que ganaban a los espectadores. [83] **dar en ser:** empeñarse. [84] **necesidad:** pobreza. [85] **la:** Nótese que se refiere a "razón". [86] **favor:** beneficio. [87] **palillo:** alusión figurativa a la vara que llevaban los oficiales de la justicia. [88] La vara era, en particular, el símbolo de autoridad de los jueces y los alcaldes. [89] **mula de alquiler:** una de las formas de viajar en la España antigua, y por la que Cervantes sentía especial odio (ver *Quijote,* I, cap. VIII, *El licenciado vidriera,* etc.). [90] **a faltas:** por faltar algo mejor. [91] **estar de nones:** ser las únicas cosas en su género. [92] **vestido . . . de rúa:** traje de paseo que solía ser negro. En contraste, el vestido *de camino* era un traje de viaje que solía ser de colores. [93] **hacellos:** hacerlos. Nótese que ésta y todas las demás formas verbales que terminan en *-llo(s)* o *-lla(s)* son formas anticuadas de infinitivo + pronombre. [94] **polainas:** *leggings.* El texto describe a una persona pobre que tiene vestidos para una sola ocasión nada más, y que en vez de botas de montar tiene polainas. [95] **comezón:** picazón (*itch*). El recién nombrado tenía "comezón" por empezar a desempeñar su "comisión". [96] **Puente Toledana:** Nótese que puente antes era femenino. La Puente Toledana estaba sobre el río Manzanares, al sur de Madrid, y por allí iba el camino de Toledo. [97] **raspahilar:** Este verbo no aparece en casi ningún diccionario, pero parece significar ir de prisa. [98] **harón:** holgazán.

y, a cabo de[99] pocos días, envía a su casa algún pernil[100] de tocino y algunas varas de lienzo crudo;[101] en fin, de aquellas cosas que valen baratas en los lugares del distrito de su comisión, y con esto sustenta su casa como el pecador mejor puede; pero yo, que, ni tengo oficio, 5 ni beneficio, no sé qué hacerme, porque no hay señor que quiera servirse de mí, porque soy casado; así que me será forzoso suplicar a vuesa merced, señor juez, pues ya por pobres son tan enfadosos los hidalgos, y mi mujer lo pide, que nos divida y aparte.

DOÑA GUIOMAR

Y hay más en esto, señor juez: que, como yo veo que mi marido 10 es tan para poco,[102] y que padece necesidad, muérome por remedialle, pero no puedo, porque, en resolución, soy mujer de bien, y no tengo de hacer vileza.[103]

SOLDADO

Por esto solo merecía ser querida esta mujer; pero, debajo deste pundonor,[104] tiene encubierta la más mala condición de la tierra; 15 pide celos[105] sin causa; grita sin por qué; presume sin hacienda; y, como me ve pobre, no me estima en el baile del rey Perico;[106] y es lo peor, señor juez, que quiere que, a trueco[107] de la fidelidad que me guarda, le sufra y disimule millares de millares de impertinencias y desabrimientos[108] que tiene.

DOÑA GUIOMAR

20 ¿Pues no? ¿Y por qué no me habéis vos de guardar a mí decoro y respeto, siendo tan buena como soy?

SOLDADO

Oíd, señora doña Guiomar: aquí delante destos señores os quiero

---

99 **a cabo de:** al final de 100 **pernil:** anca y muslo (*thigh*) de los animales, en particular del cerdo. 101 **lienzo crudo:** tela recién tejida. 102 **ser para poco:** se dice de la persona que vale poco y hace menos. 103 **hacer vileza:** cometer algún acto vil, como hacerse puta. 104 **pundonor:** punto de honor. 105 **pedir celos:** demostrar celos. 106 **No estimar (a alguien) en el baile del rey Perico:** no estimar en nada. 107 **a trueco:** a trueque. 108 **desabrimiento:** mal genio.

decir esto: ¿Por qué me hacéis cargo[109] de que sois buena, estando vos obligada a serlo, por ser de tan buenos padres nacida, por ser cristiana y por lo que debéis a vos misma? ¡Bueno es que quieran las mujeres que las respeten sus maridos porque son castas y honestas; como si en solo esto consistiese, de todo en todo, su perfección; y no echan de ver los desaguaderos[110] por donde desaguan la fineza de otras mil virtudes que les faltan! ¿Qué se me da a mí que seáis casta con vos misma, puesto que[111] se me da mucho, si os descuidáis de que lo sea vuestra criada, y si andáis siempre rostrituerta,[112] enojada, celosa, pensativa, manirrota,[113] dormilona,[114] perezosa, pendenciera,[115] gruñidora, con otras insolencias deste jaez,[116] que bastan a consumir las vidas de docientos maridos? Pero, con todo esto, digo, señor juez, que ninguna cosa destas tiene mi señora doña Guiomar; y confieso que yo soy el leño, el inhábil, el dejado[117] y el perezoso; y que, por ley de buen gobierno, aunque no sea por otra cosa, está vuesa merced obligado a descasarnos; que desde aquí digo que no tengo ninguna cosa que alegar[118] contra lo que mi mujer ha dicho, y que doy el pleito por concluso,[119] y holgaré de ser condenado.

DOÑA GUIOMAR

¿Qué hay que alegar contra lo que tengo dicho? Que no me dais de comer a mí, ni a vuestra criada, y monta que[120] no son muchas, sino una, y aun esa sietemesina,[121] que no come por un grillo.

ESCRIBANO

Sosiéguense; que vienen nuevos demandantes.

---

109 **hacer cargo**: reprochar. 110 **desaguadero**: lugar por donde desagua algo. Según el Soldado, a las mujeres les basta con pensarse castas y honestas, y nunca piensan en otros defectos que pueden tener y que las disminuyen. 111 **puesto que**: Nótese que en toda la literatura del Siglo de Oro significa *aunque*. 112 **rostrituerto**: enfadado. 113 **manirroto**: persona que derrocha mucho. 114 **dormilón**: persona que duerme mucho. 115 **pendenciero**: alguien amigo de pendencias. 116 **jaez**: calidad, tipo. 117 **dejado**: harón, perezoso. 118 **alegar**: citar o presentar como prueba. 119 **concluso**: concluído. 120 **y monta que**: aunque 121 **sietemesino**: hijo que nace a los siete meses; en consecuencia, persona débil y flaca.

Entra uno vestido de médico, y es CIRUJANO; *y* ALDONZA DE MINJACA, *su mujer.*

CIRUJANO

Por cuatro causas bien bastantes, vengo a pedir a vuesa merced, señor juez, haga divorcio entre mí y la señora Aldonza de Minjaca, mi mujer, que está presente.

EL JUEZ

Resoluto[122] venís; decid las cuatro causas.

CIRUJANO

5 La primera, porque no la puedo ver más que a todos los diablos; la segunda, por lo que ella se sabe; la tercera, por lo que yo me callo; la cuarta, porque no me lleven los demonios, cuando desta vida vaya, si he de durar en su compañía hasta mi muerte.

PROCURADOR

Bastantísimamente[123] ha probado su intención.

ALDONZA DE MINJACA

10 Señor juez, vuesa merced me oiga, y advierta que, si mi marido pide por cuatro causas divorcio, yo le pido por cuatrocientas. La primera, porque, cada vez que le veo, hago cuenta que veo al mismo Lucifer; la segunda, porque fui engañada cuando con él me casé; porque él dijo que era médico de pulso,[124] y remaneció[125]
15 cirujano, y hombre que hace ligaduras y cura otras enfermedades, que va a decir desto a médico, la mitad del justo precio;[126] la tercera,

---

[122] **resoluto:** resuelto. [123] **bastantísimamente:** superlativo humorístico de bastante. [124] **médico de pulso:** o sea, con conocimientos médicos generales, y no solamente de cirugía. [125] **remanecer:** aparecer de improviso. [126] **va a decir . . . precio:** Aldonza de Minjaca se considera malamente engañada porque su marido no es médico sino cirujano (oficio poco mejor que barbero) como si la hubiesen engañado en la mitad del precio de algún artículo.

porque tiene celos del sol que me toca; la cuarta, que, como no le puedo ver,[127] querría estar apartada dél dos millones de leguas.

ESCRIBANO

¿Quién diablos acertará a concertar estos relojes, estando las ruedas tan desconcertadas?

ALDONZA DE MINJACA

La quinta . . . 5

EL JUEZ

Señora, señora, si pensáis decir aquí todas las cuatrocientas causas, yo no estoy para escuchallas, ni hay lugar para ello; vuestro negocio se recibe a prueba,[128] y andad con Dios; que hay otros negocios que despachar.

CIRUJANO

¿Qué más pruebas, sino que yo no quiero morir con ella, ni ella 10 gusta de vivir conmigo?

EL JUEZ

Si eso bastase para descasarse los casados, infinitísimos sacudirían de sus hombros el yugo del matrimonio.

Entra uno vestido de GANAPAN,[129] *con su caperuza*[130] *cuarteada.*[131]

GANAPAN

Señor juez: ganapán soy, no lo niego, pero cristiano viejo,[132] y hombre de bien a las derechas; y, si no fuese que alguna vez me 15

---

127 **no poder ver (a alguien):** odiarle 128 **a prueba:** hasta decidir en el juicio. 129 **ganapán:** hombre que lleva cargas. 130 **caperuza:** especie de gorra con una punta hacia atrás. 131 **cuarteado:** dividido en cuatro partes, en este caso cuatro partes cosidas juntas. 132 **cristiano viejo:** el hombre que no tenía mezcla de sangre judía ni mora; se consideraba como una gran honra. Para desempeñar la inmensa mayoría de los oficios en la España del Siglo de Oro, había que ser cristiano viejo, o sea, tener lo que se llamaba en la época, "limpieza de sangre".

tomo del vino,[133] o él me toma a mí, que es lo más cierto, ya hubiera sido prioste[134] en la cofradía de los hermanos de la carga;[135] pero, dejando esto aparte, porque hay mucho que decir en ello, quiero que sepa el señor juez que, estando una vez muy enfermo de los vaguidos
5 de Baco,[136] prometí de casarme con una mujer errada;[137] volví en mí, sané, y cumplí la promesa, y caséme con una mujer que saqué de pecado; púsela a ser placera;[138] ha salido tan soberbia y de tan mala condición, que nadie llega a su tabla con quien no riña, ora sobre el peso falto, ora sobre que le llegan a la fruta, y a dos por tres[139]
10 les da con una pesa[140] en la cabeza, o adonde topa, y los deshonra hasta la cuarta generación, sin tener hora de paz con todas sus vecinas ya parleras, y yo tengo de tener todo el día la espada más lista que un sacabuche,[141] para defendella; y no ganamos para pagar penas de pesos no maduros,[142] ni de condenaciones[143] de pendencias.
15 Querría, si vuesa merced fuese servido, o que me apartase della, o por lo menos le mudase la condición acelerada que tiene en otra más reportada[144] y más blanda; y prométole a vuesa merced de descargalle de balde todo el carbón que comprare este verano; que puedo mucho con los hermanos mercaderes de la costilla.[145]

CIRUJANO

20 Ya conozco yo a la mujer deste buen hombre, y es tan mala como mi Aldonza; que no lo puedo más encarecer.

EL JUEZ

Mirad, señores: aunque algunos de los que aquí estáis habéis dado algunas causas que traen aparejada[146] sentencia de divorcio; con todo

---

133 **tomarse del vino**: embriagarse. 134 **prioste**: la dignidad más alta en una cofradía (compañía o gremio). 135 **hermanos de la carga**: los miembros de una misma cofradía se llamaban hermanos (o cofrades); por lo tanto, los hermanos de la carga serían, en forma humorística, los cofrades del gremio de ganapanes. 136 **vaguidos de Baco**: embriaguez. Los vaguidos son mareos, y Baco es el rey del vino. 137 **mujer errada**: puta. 138 **placera**: mujer que vende verduras en el mercado. 139 **a dos por tres**: de inmediato. 140 **pesa**: pieza de metal que sirve para pesar en las balanzas. 141 **sacabuche**: *sackbut,* trombón medieval. 142 **pesos no maduros**: pesos faltos, que no han llegado a su perfección o madurez. 143 **condenación**: pena. 144 **reportado**: sereno, moderado. 145 **mercaderes de la costilla**: Así llamados porque comercian con sus espaldas al alquilarse para llevar cargas. 146 **traer aparejado**: venir acompañado.

eso, es menester[147] que conste por escrito, y que lo digan testigos; y así, a todos os recibo a prueba. Pero ¿qué es esto? ¿Música y guitarras en mi audiencia? ¡Novedad grande es ésta!

Entran dos MÚSICOS.

MÚSICO

Señor juez, aquellos dos casados tan desavenidos[148] que vuesa merced concertó, redujo y apaciguó el otro día, están esperando a vuesa merced con una gran fiesta en su casa; y por nosotros le envían a suplicar sea servido[149] de hallarse en ella y honrallos. 5

EL JUEZ

Eso haré yo de muy buena gana, y pluguiese[150] a Dios que todos los presentes se apaciguasen como ellos.

PROCURADOR

Desa manera, moriríamos de hambre los escribanos y procuradores desta audiencia; que no, no, sino todo el mundo ponga demandas de divorcios; que al cabo, al cabo, los más[151] se quedan como se estaban, y nosotros habemos gozado del fruto de sus pendencias y necedades. 10

MÚSICO

Pues en verdad que desde aquí hemos de ir regocijando la fiesta. 15

Cantan los MÚSICOS:

Entre casados de honor,
cuando hay pleito descubierto,
más vale el peor concierto
que no el divorcio mejor.

---

147 **es menester:** es necesario. 148 **desavenido:** mal avenido. 149 **ser servido:** *to deign.* 150 **pluguiese:** forma del subjuntivo de *placer.* 151 **los más:** la mayoría.

Donde no ciega el engaño
simple, en que algunos están,
las riñas de por San Juan[152]
son paz para todo el año.
5 Resucita[153] allí el honor,
y el gusto, que estaba muerto,
donde vale el peor concierto
más que el divorcio mejor.
Aunque la rabia de celos
10 es tan fuerte y rigurosa,
si los pide una hermosa,
no son celos, sino cielos.[154]
Tiene esta opinión Amor,
que es el sabio más experto:
15 *que vale el peor concierto*
más que el divorcio mejor.

PREGUNTAS

1. ¿Cuántas parejas y por qué motivos se quieren divorciar?
2. ¿Cómo reacciona el juez en cada caso?
3. ¿Cómo reaccionaría Vd. en cada caso, de ser el juez?
4. ¿Qué tipos sociales aparecen en esta obra? ¿Cómo son caracterizados?
5. ¿Qué intención moral puede tener este entremés?
6. ¿Es necesario buscarle una intención moral a este entremés?

---

152 **de por San Juan:** alrededor del día de San Juan Bautista (24 de junio). La expresión acerca de las riñas es proverbial y aparece nuevamente en el final de *El viejo celoso.* 153 **resucitar:** volver a la vida. 154 **celos . . . cielos:** juego de palabras provocado por "la hermosa" del verso anterior.

7. A base de esta obra, ¿cómo definiría Vd. el entremés como género literario?
8. ¿Cree Vd. que la falta de acción dramática en esta obra es un vicio o una virtud?
9. ¿Qué era la limpieza de sangre y cómo aparece en esta obra?
10. En general, ¿cree Vd. que son los hombres o las mujeres los que tienen más razón en esta obra?

II

EL RUFIAN[1] VIUDO

Sale TRAMPAGOS *con un capuz*[2] *de luto, y con él,* VADEMÉCUM,[3] *su criado, con dos espadas de esgrima.*[4]

TRAMPAGOS

¿Vademécum?

VADEMÉCUM

¿Señor?

TRAMPAGOS

¿Traes las morenas?

VADEMÉCUM

Tráigolas.

TRAMPAGOS

Está bien: muestra y camina, 5

[1] **rufián:** hombre que comercia con las prostitutas. [2] **capuz:** capa larga y cerrada. [3] **Vademécum:** latín, "Ven conmigo", nombre que se daba a la cartera para llevar libros, y, en consecuencia, al estudiante. El criado de Trampagos es, pues, un "estudiante de rufián". [4] **esgrima:** *fencing.* Las espadas de esgrima se llamaban espadas negras, por eso la pregunta de Trampagos más abajo, "¿Traes las morenas?" Las espadas de reñir se llamaban espadas blancas.

Y saca aquí la silla de respaldo,
Con los otros asientos de por casa.

VADEMÉCUM

¿Qué asientos? ¿Hay alguno por ventura?

TRAMPAGOS

Saca el mortero,[5] puerco, el broquel[6] saca,
5 Y el banco de la cama.[7]

VADEMÉCUM

Está impedido;
Fáltale un pie.

TRAMPAGOS

¿Y es tacha?

VADEMÉCUM

¡Y no pequeña!

Éntrase VADEMÉCUM.

TRAMPAGOS

10 ¡Ah, Pericona, Pericona mía,
Y aun de todo el concejo![8] En fin, llegóse
El tuyo: yo quedé, tú te has partido.
Y es lo peor que no imagino adónde,
Aunque, según fue el curso de tu vida,
15 Bien se puede creer piadosamente
Que estás en parte . . . aun no me determino
De señalarte asiento en la otra vida.

---

5 **mortero:** *stone mortar.* 6 **broquel:** escudo pequeño. 7 **banco de la cama:** El colchón de la cama se ponía sobre bancos. 8 **concejo:** ayuntamiento. La exclamación de Trampagos habla muy mal de la virtud de Pericona.

Tendréla[9] yo, sin ti, como de muerte.
¡Que no me hallara yo a tu cabecera
Cuando diste el espíritu a los aires,
Para que le acogiera entre mis labios,
Y en mi estómago limpio le envasara![10] 5
¡Miseria humana! ¿Quién de ti confía?
Ayer fui Pericona, hoy tierra fría,
Como dijo un poeta celebérrimo.[11]

Entra CHIQUIZNAQUE, *rufián.*

CHIQUIZNAQUE

Mi so[12] Trampagos, ¿es posible sea
Voacé[13] tan enemigo suyo 10
Que se entumbe,[14] se encubra y se trasponga[15]
Debajo desa sombra bayetuna[16]
El sol hampesco?[17] So Trampagos, basta
Tanto gemir, tantos suspiros bastan;
Trueque voacé las lágrimas corrientes 15
En limosnas y en misas y oraciones
Por la gran Pericona, que Dios haya;[18]
Que importan más que llantos y sollozos.

TRAMPAGOS

Voacé ha garlado[19] como un tólogo,[20]
Mi señor Chiquiznaque; pero, en tanto 20

---

9 **tendréla:** Nótese que se refiere a "vida" del verso anterior. 10 **envasar:** echar líquido en una vasija. Trampagos habla del espíritu de Pericona como si se tratase de un litro de vino. 11 **celebérrimo:** superlativo de célebre. 12 **so:** señor, en el lenguaje de los rufianes (que se llamaba germanía). Todavía se usa en expresiones insultantes como "so bestia". 13 **voacé:** vuestra merced, en el lenguaje rufianesco. 14 **entumbarse:** meterse en una tumba. 15 **trasponerse:** ocultarse a la vista. 16 **bayetuno:** adjetivo humorístico de bayeta, que es una tela de lana poco tupida. 17 **hampesco:** adjetivo de hampa, que es la vida de rufianes, ladrones y demás criminales. 18 **que Dios haya:** que Dios tenga en su gloria, expresión proverbial aplicada a los muertos. 19 **garlar:** hablar, en germanía. 20 **tólogo:** vulgarismo de *teólogo.*

Que encarrilo[21] mis cosas de otro modo,
Tome vuesa merced, y platiquemos[22]
Una levada[23] nueva.

CHIQUIZNAQUE

So Trampagos,
5 No es éste tiempo de levadas: llueven
O han de llover hoy pésames[24] adunia,[25]
Y ¿hémonos de ocupar en levadicas?

Entra VADEMECUM *con la silla, muy vieja y rota.*

VADEMÉCUM

¡Bueno, por vida mía! Quien le quita
A mi señor de líneas y posturas,[26]
10 Le quita de los días de la vida.

TRAMPAGOS

Vuelve por el mortero y por el banco,
Y el broquel no se olvide, Vademecum.

VADEMÉCUM

Y aun trairé[27] el asador,[28] sartén y platos.

Vuélvese a entrar.

TRAMPAGOS

Después platicaremos una treta,[29]
15 Unica, a lo que creo, y peregrina;[30]
Que el dolor de la muerte de mi ángel
Las manos ata y el sentido todo.

---

21 **encarrilar:** encaminar, dirigir. 22 **platicar:** forma vulgar de *practicar*. 23 **levada:** lance de la esgrima. 24 **pésame:** lo que se dice a alguien que ha perdido una persona querida. 25 **adunia:** en abundancia. 26 **líneas y posturas:** términos de la esgrima. 27 **trairé:** vulgarismo de *traeré*. 28 **asador:** *roasting spit*. 29 **treta:** engaño en la esgrima. 30 **peregrino:** único, raro.

CHIQUIZNAQUE

¿De qué edad acabó la mal lograda?

TRAMPAGOS

Para con sus amigas y vecinas,
Treinta y dos años tuvo.

CHIQUIZNAQUE

¡Edad lozana!

TRAMPAGOS

Si va a decir verdad, ella tenía 5
Cincuenta y seis; pero, de tal manera
Supo encubrir los años, que me admiro.
¡Oh, qué teñir de canas! ¡Oh, qué rizos,
Vueltos de plata en oro los cabellos!
A seis del mes que viene hará quince años 10
Que fue mi tributaria,[31] sin que en ellos
Me pusiese en pendencia ni en peligro
De verme palmeadas[32] las espaldas.
Quince cuaresmas,[33] si en la cuenta acierto,
Pasaron por la pobre desde el día 15
Que fue mi cara, agradecida prenda,[34]
En las cuales sin duda susurraron
A sus oídos treinta y más sermones,[35]
Y en todos ellos, por respeto mío,
Estuvo firme, cual está a las olas 20
Del mar movible la inmovible roca.
¡Cuántas veces me dijo la pobreta,
Saliendo de los trances rigurosos

---

31 Se puede imaginar como ganaba Pericona los dineros para pagar tributo a Trampagos.
32 **palmear:** azotar, en germanía. 33 **cuaresma:** *Lent.* 34 **prenda:** amante (*darling*).
35 Era usual en cuaresma predicar a las prostitutas para traerlas a la buena vida.

De gritos y plegarias y de ruegos,
Sudando y trasudando:[36] "¡Plega[37] al cielo,
Trampagos mío, que en descuento vaya
De mis pecados lo que aquí yo paso
5 Por ti, dulce bien mío!"

CHIQUIZNAQUE

¡Bravo triunfo!
¡Ejemplo raro de inmortal firmeza!
¡Allá lo habrá hallado!

TRAMPAGOS

¿Quién lo duda?
10 Ni aun una sola lágrima vertieron
Jamás sus ojos en las sacras pláticas,
Cual si de esparto o pedernal su alma
Formada fuera.

CHIQUIZNAQUE

¡Oh, hembra benemérita[38]
15 De griegas y romanas alabanzas!
¿De qué murió?

TRAMPAGOS

¿De qué? Casi de nada:
Los médicos dijeron que tenía
Malos los hipocondrios[39] y los hígados,[40]
20 Y que con agua de taray[41] pudiera
Vivir, si la bebiera, setenta años.

CHIQUIZNAQUE

¿No la bebió?

---

[36] **trasudar:** sudar mucho. [37] **plega:** subjuntivo de *placer*. [38] **benemérito:** digno de premio y alabanza. [39] **hipocondrio:** *hypochondrium* (*belly*). [40] **hígado:** *liver*. [41] **agua de taray:** *tamarisk water*. Se le atribuía virtud desinfectante.

TRAMPAGOS

Murióse.

CHIQUIZNAQUE

Fue una necia.
¡Bebiérala hasta el día del juïcio,[42]
Que hasta entonces viviera! El yerro estuvo
En no hacerla sudar. 5

TRAMPAGOS

Sudó once veces.[43]

Entra VADEMÉCUM *con los asientos referidos.*

CHIQUIZNAQUE

¿Y aprovechóle alguna?

TRAMPAGOS

Casi todas:
Siempre quedaba como un ginjo[44] verde,
Sana como un peruétano[45] o manzana. 10

CHIQUIZNAQUE

Dícenme que tenía ciertas fuentes[46]
En las piernas y brazos.

TRAMPAGOS

La sin dicha
Era un Aranjüez;[47] pero, con todo,[48]
Hoy come en ella, la que llaman tierra, 15

---

[42] **juicio:** el juicio final. [43] **sudar:** Las enfermedades venéreas se trataban haciendo sudar a los enfermos. [44] **ginjo:** *bay tree.* [45] **peruétano:** *wild pear.* [46] **fuente:** aquí, llaga. [47] **Aranjüez:** sitio real al sur de Madrid, sobre el río Tajo, donde hay muchas fuentes de agua en los jardines. [48] **con todo:** a pesar de todo.

De las más blancas y hermosas carnes
Que jamás encerraron sus entrañas;[49]
Y si no fuera porque habrá dos años
Que comenzó a dañársele el aliento,
5 Era abrazarla, como quien abraza
Un tiesto de albahaca[50] o clavellinas.[51]

CHIQUIZNAQUE

Neguijón[52] debió ser, o corrimiento,[53]
El que dañó las perlas de su boca,
Quiero decir, sus dientes y sus muelas.

TRAMPAGOS

10 Una mañana amaneció sin ellos.

VADEMÉCUM

Así es verdad; mas fue deso la causa
Que anocheció[54] sin ellos; de los finos,
Cinco acerté a contarle; de los falsos,
Doce disimulaba en la covacha.[55]

TRAMPAGOS

15 ¿Quién te mete a ti en esto, mentecato?

VADEMECUM

Acredito verdades.

TRAMPAGOS

Chiquiznaque,
Ya se me ha reducido a la memoria[56]

---

[49] **sus entrañas:** entiéndase, las entrañas de la tierra. [50] **albahaca:** *sweet basil.* [51] **clavellina:** *carnation.* [52] **neguijón:** enfermedad de los dientes que los pone negros. [53] **corrimiento:** *canker.* [54] **amanecer . . . anochecer:** levantarse . . . acostarse. Nótese que la construcción personal de estos verbos es típica del español. [55] **covacha:** cueva, por lo tanto, la boca. Debe notarse que la Pericona tenía en su "covacha" diecisiete dientes, de los cuales cinco eran buenos, y doce falsos. [56] **reducir a la memoria:** recordar.

La treta de denantes;[57] toma, y vuelve
Al ademán primero.[58]

VADEMÉCUM

Pongan pausa,
Y quédese la treta en ese punto;
Que acuden[59] moscovitas[60] al reclamo. 5
La Repulida[61] viene y la Pizpita,
Y la Mostrenca, y el jayán[62] Juan Claros.

TRAMPAGOS

Vengan en hora buena: vengan ellos
En cien mil norabuenas.

Entran LA REPULIDA, LA PIZPITA, LA MOSTRENCA, *y el rufián* JUAN CLAROS.

JUAN CLAROS

En las mismas[63] 10
Esté mi sor[64] Trampagos.

LA REPULIDA

Quiera el cielo
Mudar su escuridad[65] en luz clarísima.

LA PIZPITA

Desollado le viesen ya mis lumbres
De aquel pellejo lóbrego y escuro.[66] 15

---

57 **denantes:** antes. 58 **toma . . . ademán primero:** Trampagos coge la espada a Chiquiznaque, y le dice que se ponga en su posición primera. 59 **acudir al reclamo:** expresión de cetrería (*falconry*), que indica que las aves vienen a una llamada especial. 60 **moscovita:** en sentido literal, el habitante de Moscú; forma humorística de decir "mosca". Lo que quiere decir Vademécum es que viene gente. 61 **la Repulida:** Nótese que el uso del artículo delante de un nombre de mujer es despectivo, e indica que la mujer es de clase baja. 62 **jayán:** persona de gran estatura y muchas fuerzas. 63 **en las mismas:** Nótese que se refiere a las "norabuenas" que ha dicho Trampagos. 64 **sor:** como **so,** forma rufianesca de señor. 65 **escuridad:** oscuridad. 66 **Desollado . . . escuro:** Que mis ojos le viesen desnudo de ese capuz de luto.

LA MOSTRENCA

¡Jesús, y qué fantasma noturnina![67]
Quítenmele delante.

VADEMÉCUM

¿Melindricos?[68]

TRAMPAGOS

Fuera yo un Polifemo,[69] un antropófago,[70]
5 Un troglodita,[71] un bárbaro Zoílo,[72]
Un caimán,[73] un caribe,[74] un come-vivos,[75]
Si de otra suerte me adornara en tiempo
De tamaña[76] desgracia.

JUAN CLAROS

Razón tiene.

TRAMPAGOS

10 ¡He perdido una mina potosisca,[77]
Un muro de la hiedra de mis faltas,
Un árbol de la sombra de mis ansias!

JUAN CLAROS

Era la Pericona un pozo de oro.

TRAMPAGOS

Sentarse a prima noche,[78] y, a las horas

---

67 **noturnino:** nocturnino, o sea, nocturno. 68 **melindrico:** diminutivo de melindre (delicadeza afectada). 69 **Polifemo:** gigante mitológico. 70 **antropófago:** caníbal. 71 **troglodita:** hombre bárbaro que habita en cuevas. 72 **Zoílo:** crítico de la antigüedad, famoso por su malicia. 73 **caimán:** *alligator*. 74 **caribe:** indio antropófago del mar Caribe que dió origen a la palabra "caníbal". 75 **come-vivos:** palabra en que se resumen todos los monstruos devoradores mencionados. 76 **tamaño:** como adjetivo quiere decir muy grande. 77 **potosisca:** adjetivo humorístico de Potosí. Las minas de plata de Potosí (Bolivia) eran famosísimas. 78 **prima noche:** poco después de oscurecer.

Que se echa el golpe,[79] hallarse con sesenta
Numos en cuartos,[80] ¿por ventura es barro?[81]
Pues todo esto perdí en la que ya pudre.[82]

LA REPULIDA

Confieso mi pecado; siempre tuve
Envidia a su no vista diligencia. 5
No puedo más; yo hago lo que puedo,
Pero no lo que quiero.

LA PIZPITA

No te penes,
Pues vale más aquel que Dios ayuda,
Que el que mucho madruga: ya me entiendes. 10

VADEMÉCUM

El refrán[83] vino aquí como de molde;[84]
¡Tal os dé Dios el sueño,[85] mentecatas!

LA MOSTRENCA

Nacidas somos; no hizo Dios a nadie
A quien desamparase. Poco valgo;
Pero, en fin, como y ceno, y a mi cuyo[86] 15
Le traigo más vestido que un palmito.[87]
Ninguna es fea, como tenga bríos;
Feo es el diablo.

---

[79] **echar el golpe:** cerrar la puerta con una cerradura llamada golpe. [80] **numos en cuartos:** mucha calderilla (*small change*). Trampago usa el latinismo "numos" de *nummus,* una moneda romana. [81] **¿es barro?:** frase corriente entonces, que equivale a la actual "¿es nada?" [82] **pudrir:** *to rot.* [83] **refrán:** se refiere al que acaba de decir la Pizpita: "Vale más aquel que Dios ayuda que el que mucho madruga." [84] **de molde:** muy bien, perfectamente. [85] **dar Dios el sueño tal:** que Dios dé a estas mujeres un sueño de molde, o sea, perfecto, vale decir, el sueño eterno. [86] **mi cuyo:** mi dueño. [87] **más vestido que un palmito:** vestido con suma elegancia.

VADEMÉCUM

Alega la Mostrenca
Muy bien de su derecho, y alegara
Mejor, si se añadiera el ser muchacha
Y limpia, pues lo es por todo extremo.

CHIQUIZNAQUE

5 En el[88] que está Trampagos me da lástima.

TRAMPAGOS

Vestíme este capuz: mis dos lanternas[89]
Convertí en alquitaras.[90]

VADEMÉCUM

¿De aguardiente?

TRAMPAGOS

Pues ¿tanto cuelo[91] yo, hi[92] de malicias?

VADEMÉCUM

10 A cuatro lavanderas de la puente[93]
Puede dar quince y falta[94] en la colambre;[95]
Miren qué ha de llorar, sino aguardiente.

JUAN CLAROS

Yo soy de parecer que el gran Trampagos
Ponga silencio a su contino llanto
15 Y vuelva al *sicut erat in principio,*[96]

---

88 **el:** Nótese que se refiere a "extremo". 89 **lanterna:** linterna, o sea ojo. 90 **alquitara:** alambique (*still*). 91 **colar:** tragar o beber. 92 **hi:** hijo. 93 **puente:** la Puente Segoviana, al oeste de Madrid, sobre el río Manzanares. 94 **dar quince y falta:** expresión del juego de pelota, que quiere decir tener mucha ventaja sobre otra persona. 95 **colambre:** corambre, cuero de vino. Vademecum se refiere a la gran habilidad de su amo para beber vino. 96 **sicut erat in principio:** latín, "según estaba en el principio"; palabras de la misa.

Digo a sus olvidadas alegrías;
Y tome prenda que las suyas quite,[97]
Que es bien que el vivo vaya a la hogaza,[98]
Como el muerto se va a la sepultura.

LA REPULIDA

Zonzorino Catón[99] es Chiquiznaque. 5

LA PIZPITA

Pequeña soy, Trampagos, pero grande
Tengo la voluntad para servirte;
No tengo cuyo, y tengo ochenta cobas.[100]

LA REPULIDA

Yo ciento, y soy dispuesta y nada lerda.

LA MOSTRENCA

Veinte y dos tengo yo, y aun venticuatro, 10
Y no soy mema.[101]

LA REPULIDA

¡Oh mi Jezúz! ¿Qué es esto?
¿Contra mí la Pizpita y la Mostrenca?
¿En tela[102] quieres competir conmigo,
Culebrilla de alambre,[103] y tú, pazguata?[104] 15

LA PIZPITA

Por vida de los huesos de mi abuela,

---

97 **tome prenda que las suyas quite:** tome una prenda (amante) que le quite sus prendas (de vestir, o sea el capuz de luto). 98 **hogaza:** pan grande. 99 **zonzorino Catón:** Catón el Censor o Censorino (234–149 a. de J.C.), orador romano célebre por sus altos principios morales. El vulgarismo de la Repulida de llamarle "zonzorino" tiene doble intención, porque "zonzo" es tonto. Igual equívoco comete Sancho (*Quijote,* I, cap. XX). 100 **coba:** real (la moneda), en germanía. 101 **memo:** tonto. 102 **tela:** lugar donde se celebraban los torneos (*tournaments*). 103 **culebrilla de alambre:** En las cajas de sorpresa se solían poner un serpiente de alambre en espiral, que saltaba al abrirse la caja. 104 **pazguato:** bobo.

Doña Mari-Bobales,[105] monda-níspolas,[106]
Que no la estimo en un feluz[107] morisco.
¡Han visto el ángel tonto almidonado,
Cómo quiere empinarse sobre todas!

LA MOSTRENCA

5 Sobre mí no, a lo menos, que no sufro
Carga que no me ajuste y me convenga.

JUAN CLAROS

Adviertan que defiendo a la Pizpita.

CHIQUIZNAQUE

Consideren que está la Repulida
Debajo de las alas de mi amparo.

VADEMÉCUM

10 Aquí fue Troya,[108] aquí se hacen rajas;
Los de las cachas amarillas[109] salen;
Aquí, otra vez, fue Troya.

LA REPULIDA

Chiquiznaque,
No he menester que nadie me defienda;
15 Aparta, tomaré yo la venganza,
Rasgando con mis manos pecadoras
La cara de membrillo[110] cuartanario.[111]

JUAN CLAROS

¡Repulida, respeto al gran Juan Claros!

---

105 **Mari-Bobales:** nombre insultante compuesto de María y boba. 106 **monda-níspolas:** La níspola es el fruto del níspero (*medlar tree*). Mondar nísperos: hacer una ocupación superflua. 107 **feluz:** moneda árabe de muy poco valor. 108 **aquí fue Troya:** expresión proverbial para designar una gran pelea, como la guerra de Troya. 109 **cachas amarillas:** El mango de los grandes cuchillos que usaban los rufianes era amarillo por ser hecho de hueso. 110 **membrillo:** *quince*. 111 **cuartanario:** que tiene cuartanas, o sea fiebre malaria.

LA PIZPITA

Déjala, venga: déjala que llegue
Esa cara de masa mal sobada.[112]

Entra UNO *muy alborotado.*

UNO

Juan Claros, ¡la justicia, la justicia!
El alguacil de la justicia viene
La calle abajo. 5

Éntrase luego.

JUAN CLAROS

¡Cuerpo de mi padre![113]
¡No paro más aquí!

TRAMPAGOS

Ténganse todos:
Ninguno se alborote: que es mi amigo
El alguacil; no hay que tenerle miedo. 10

Torna a entrar.

UNO

No viene acá, la calle abajo cuela.

CHIQUIZNAQUE

El alma me temblaba ya en las carnes,
Porque estoy desterrado.[114]

---

112 **sobar:** *to knead.* 113 **¡cuerpo de mi padre!:** eufemismo por ¡cuerpo de Dios!
114 Era sentencia común desterrar a los criminales de la Corte. Las penas eran muy graves si regresaban sin permiso, como, evidentemente, es el caso de Chiquiznaque.

TRAMPAGOS

Aunque viniera,
No nos hiciera mal, yo lo sé cierto;
Que no puede chillar, porque está untado.[115]

VADEMÉCUM

Cese, pues, la pendencia, y mi sor sea
5 El que escoja la prenda que le cuadre
O le esquine[116] mejor.

LA REPULIDA

Yo soy contenta.

LA PIZPITA

Y yo también.

LA MOSTRENCA

Y yo.

VADEMECUM

10 Gracias al cielo
Que he hallado a tan gran mal, tan gran remedio.

TRAMPAGOS

Abúrrome,[117] y escojo.

LA MOSTRENCA

Dios te guíe.

---

115 **untar:** *to anoint.* "Estar untado" se dice de la persona que se ha vendido por dinero. 116 **cuadre o le esquine:** juego de palabras introducido por los dos sentidos del verbo cuadrar (venir bien una cosa con otra, dar forma de cuadro). 117 **aburrirse:** juego de palabras de Trampagos, porque el verbo puede significar aborrecerse (por tener que escoger), o sentir tedio (por la compañía). En este último sentido lo entiende la Repulida.

LA REPULIDA

Si te aburres, Trampagos, la escogida
También será aburrida.

TRAMPAGOS

Errado anduve;
Sin aburrirme escojo.

LA MOSTRENCA

Dios te guíe. 5

TRAMPAGOS

Digo que escojo aquí a la Repulida.

JUAN CLAROS

Con su pan se la coma,[118] Chiquiznaque.

CHIQUIZNAQUE

Y aun sin pan, que es sabrosa en cualquier modo.

LA REPULIDA

Tuya soy: ponme un clavo y una S[119]
En estas dos mejillas. 10

LA PIZPITA

¡Oh hechicera!

LA MOSTRENCA

No es sino venturosa: no la envidies,
Porque no es muy católico Trampagos,

---

118 **comérselo con su pan:** expresión con que se denota indiferencia ante el progreso o acciones de otra persona. 119 **un clavo y una S:** la marca de hierro que se ponía a los esclavos en la cara.

Pues ayer enterró a la Pericona,
Y hoy la tiene olvidada.

LA REPULIDA

Muy bien dices.

TRAMPAGOS

Este capuz arruga, Vademécum,
5 Y dile al padre[120] que sobre[121] él te preste
Una docena de rëales.

VADEMÉCUM

Creo
Que tengo yo catorce.

TRAMPAGOS

Luego, luego,
10 Parte, y trae seis azumbres[122] de lo caro.
Alas pon en los pies.

VADEMÉCUM

Y en las espaldas.

Éntrase VADEMÉCUM *con el capuz, y queda en cuerpo*[123] TRAMPAGOS.

TRAMPAGOS

¡Por Dios, que si durara la bayeta,[124]
Que me pudieran enterrar mañana!

---

120 **padre:** El padre de putas era la persona que las autoridades ponían como director de la mancebía (*brothel*). 121 **sobre:** por. 122 **azumbre:** medida líquida equivalente a poco más de dos litros. 123 **en cuerpo:** sin capa o cualquier otro abrigo exterior. 124 **si durara la bayeta:** si Trampagos tuviese que usar más días el capuz de luto.

LA REPULIDA

¡Ay lumbre destas lumbres, que son tuyas,
Y cuán mejor estás en este traje,
Que en el otro sombrío y malencónico![125]

Entran dos músicos, sin guitarras.

MÚSICO 1°

Tras el olor del jarro nos venimos
Yo y mi compadre. 5

TRAMPAGOS

En hora buena sea;
¿Y las guitarras?

MÚSICO 1°

En la tienda quedan;
Vaya por ellas Vademécum.

MÚSICO 2°

Vaya: 10
Mas yo quiero ir por ellas.

MÚSICO 1°

De camino,

Éntrase el un músico.

Diga a mi oíslo[126] que, si viene alguno
Al *rapio rapis,*[127] que me aguarde un poco;

---

[125] **malencónico:** melancólico. [126] **oíslo:** esposa. [127] **rapio rapis:** formas del verbo latino que significa rapar o afeitar. O sea que el "*rapio rapis*" es el barbero, profesión del músico que habla. Los barberos tenían fama de ser muy aficionados a tocar la guitarra, según se verá en otros de estos entremeses.

Que no haré sino colar seis tragos,
Y cantar dos tonadas y partirme;
Que ya el señor Trampagos, según muestra,
Está para tomar armas de gusto.[128]

Vuelve VADEMÉCUM.

VADEMÉCUM

5 Ya está en el antesala[129] el jarro.

TRAMPAGOS

Traile.[130]

VADEMÉCUM

No tengo taza.

TRAMPAGOS

Ni Dios te la depare.
El cuerno de orinar[131] no está estrenado;
10 Tráele, que te maldiga el cielo santo;
Que eres bastante a deshonrar un duque.

VADEMÉCUM

Sosiéguese; que no ha de faltar copa,
Y aun copas, aunque sean de sombreros.
(*Aparte*) A buen seguro que éste es churrullero.[132]

Entra UNO, *como cautivo, con una cadena al hombro,*[133] *y pónese a mirar a todos muy atento, y todos a él.*

---

128 **tomar armas de gusto:** no tomar armas para reñir, sino unirse a la fiesta. 129 **antesala:** habitación antes de la sala. 130 **traile:** vulgarismo por *traele.* 131 **cuerno de orinar:** Como casi no había baños en aquella época, en los talleres y lugares semejantes se usaban cuernos para orinar. 132 **churrullero:** charlatán, embustero. 133 **cadena al hombro:** Muchos cautivos de los moros volvían con sus cadenas para ofrecerlas al santo o al santuario de su devoción.

LA REPULIDA

¡Jesús! ¿es visión ésta? ¿qué es aquésto?
¿No es éste Escarramán?[134] El es, sin duda.—
¡Escarramán del alma, dame, amores,
Esos brazos, coluna[135] de la hampa!

TRAMPAGOS

¡Oh Escarramán, Escarramán amigo! 5
¿Cómo es esto? ¿A dicha eres estatua?[136]
Rompe el silencio y habla a tus amigos.

LA PIZPITA

¿Qué traje es éste y qué cadena es ésta?
¿Eres fantasma a dicha? Yo te toco,
Y eres de carne y hueso. 10

LA MOSTRENCA

Él es, amiga;
No lo puede negar, aunque más calle.

ESCARRAMÁN

Yo soy Escarramán, y estén atentos
Al cuento breve de mi larga historia.

Vuelve el BARBERO *con dos guitarras, y da la una al compañero.*

Dio la galera al traste[137] en Berbería,[138] 15
Donde la furia de un juez me puso
Por espalder[139] de la siniestra[140] banda;

---

134 **Escarramán:** famoso rufián de la época, probable creación poética de don Francisco de Quevedo (1580–1645) muy celebrado en sus poesías y en las de otros autores de la época. Dio su nombre a un baile considerado inmoral. (Ver el final de *La Cueva de Salamanca.*) 135 **coluna:** columna. 136 **a dicha:** por dicha (*by chance*). 137 **dar al traste:** destruir, en este caso, hundirse. 138 **Berbería:** *Barbary Coast.* 139 **espalder:** en las galeras, el remero (*oarsman*) que en la popa marca con su remo el ritmo para los demás. 140 **siniestro:** izquierdo.

Mudé de cautiverio y de ventura;[141]
Quedé en poder de turcos por esclavo;
De allí a dos meses, como al cielo plugo,
Me levanté con una galeota;
5 Cobré[142] mi libertad y ya soy mío.
Hice voto y promesa inviolable
De no mudar de ropa ni de carga
Hasta colgarla de los muros santos
De una devota ermita, que en mi tierra
10 Llaman de San Millán de la Cogolla;[143]
Y este es el cuento de mi extraña historia;
Digna de atesorarla en mi memoria.
La Méndez[144] no estará ya de provecho,[145]
¿Vive?

JUAN CLAROS

15 Y está en Granada a sus anchuras.[146]

CHIQUIZNAQUE

¡Allí le duele al pobre todavía![147]

ESCARRAMÁN

¿Qué se ha dicho de mí en aqueste mundo,
En tanto que en el otro me han tenido
Mis desgracias y gracia?

LA MOSTRENCA

20 Cien mil cosas:
Ya te han puesto en la horca los farsantes.[148]

---

141 **ventura:** suerte. 142 **cobré:** aquí, recobré. 143 **San Millán de la Cogolla:** pueblo en la actual provincia de Logroño, en la parte centro-norte de España. Tiene dos famosos monasterios medievales, y su nombre está ilustrado por el célebre poeta medieval Gonzalo de Berceo (primera mitad del siglo XIII), que allí vivió. 144 **la Méndez:** mujer de mala vida que aparece en las poesías de Quevedo como la enamorada de Escarramán. 145 **estar de provecho:** ser de alguna utilidad. 146 **a sus anchuras:** a sus anchas, con toda comodidad. 147 **Allí . . . todavía:** a Escarramán todavía le duele (la Méndez) allí (en el corazón), o sea, todavía la ama. 148 **farsante:** actor de teatro. Comienza aquí la descripción de la extraordinaria fama de Escarramán en sus romances.

LA PIZPITA

Los muchachos han hecho pepitoria[149]
De todas tus medulas y tus huesos.

LA REPULIDA

Hante vuelto divino;[150] ¿qué más quieres?

CHIQUIZNAQUE

Cántante por las plazas, por las calles;
Báilante en los teatros y en las casas; 5
Has dado que hacer a los poetas,
Más que dio Troya al mantuano Títiro.[151]

JUAN CLAROS

Óyente resonar en los establos.

LA REPULIDA

Las fregonas[152] te lavan en el río;
Los mozos de caballos te almohazan.[153] 10

CHIQUIZNAQUE

Túndete[154] el tundidor con sus tijeras;
Muy más[155] que el potro rucio[156] eres famoso.

---

149 **pepitoria:** mezcla de cosas diversas y sin orden. 150 A partir del siglo XVI se populariza en España una forma de adaptar las obras literarias del amor profano al amor divino. Se mantenía la forma de la obra original pero se cambiaba su sentido, apuntado ahora, no ya al amor de la mujer sino al amor de Dios. Esto es lo que se llamaba una "vuelta a lo divino". Fueron objeto de este tipo de adaptación, entre otras, las poesías de Garcilaso, la *Diana* de Jorge de Montemayor, y los romances de Escarramán, como dice el texto. 151 **mantuano Títiro:** Virgilio (70–19 a. de J.C.), nacido en Mantua. Títiro es un pastor en una de sus églogas en quien se personificó el poeta. No dejan de tener gracia los conocimientos clásicos, por más superficiales que sean, de esta junta de rufianes y putas. 152 **fregona:** criada que friega en la cocina. 153 **almohazar:** limpiar a las caballerías con un cepillo especial llamado almohaza. 154 **tundir:** igualar con tijeras el pelo de los paños. O sea, que las fregonas, los mozos de caballos y los tundidores cantaban los romances de Escarramán mientras se dedicaban a sus oficios. 155 **muy más:** Nótese que hoy se diría mucho más. 156 **potro rucio:** alusión a un famosísimo romance de Lope de Vega (1562–1635), que comienza "Ensíllenme el potro rucio del alcaide de los Velez."

LA MOSTRENCA

Han pasado a las Indias tus palmeos,[157]
En Roma se han sentido tus desgracias,
Y hante dado botines[158] *sine numero.*

VADEMÉCUM

Por Dios que te han molido como alheña,[159]
5 Y te han desmenuzado[160] como flores,
Y que eres más sonado y más mocoso[161]
Que un reloj y que un niño de doctrina.[162]
De ti han dado querella todos cuantos
Bailes pasaron en la edad del gusto,
10 Con apretada y dura residencia;[163]
Pero llevóse el tuyo la excelencia.

ESCARRAMÁN

Tenga yo fama, y hágame pedazos;
De Efeso el templo[164] abrasaré por ella.

Tocan de improviso los músicos, y comienzan a cantar este romance:

MÚSICOS

"Ya salió de las gurapas[165]
15 El valiente Escarramán,
Para asombro de la gura,[166]
Y para bien de su mal."

---

157 **palmeo:** acción de palmear, que puede ser aplauso o azote. 158 **botín:** *booty.* 159 **alheña:** planta cuyas hojas se molían para teñir. Molido como alheña se dice de quien está quebrantado a golpes, por el cansancio, etc. 160 **desmenuzar:** romper una cosa en partes menudas. 161 **sonado . . . mocoso:** uego de palabras; sonado quiere decir famoso, y al mismo tiempo es participio pasado de sonarse (*to blow one's nose*). Por eso añade mocoso (*full of mucus*) que al mismo tiempo quiere decir niño atrevido. 162 **niño de doctrina:** huérfano que se recoge en un colegio para educarle. Así como el *sonado* del verso anterior se refiere a reloj, así el *mocoso* se refiere a niño de doctrina. 163 **residencia:** juicio que se hacía a un gobernador al final de su gobierno. En breve, lo que quiere decir Vademecum es que los demás bailes no pueden competir en popularidad con el baile de Escarramán, por más que le pongan pleito (querella) o residencia. 164 **de Efeso el templo:** alusión a la leyenda griega de que Eróstrato quemó el templo de Diana en Efeso (una de las siete maravillas del mundo antiguo), para dejar memoria y fama de sí mismo. 165 **gurapa:** galera, en germanía. 166 **gura:** policía, en germanía.

ESCARRAMÁN

¿Es aquesto brindarme por ventura?
¿Piensan se me ha olvidado el regodeo?[167]
Pues más ligero vengo que solía;
Si no, toquen, y vaya, y fuera ropa.[168]

LA PIZPITA

¡Oh flor y fruto[169] de los bailarines! 5
Y ¡qué bueno has quedado!

VADEMÉCUM

Suelto y limpio.

JUAN CLAROS

Él honrará las bodas de Trampagos.

ESCARRAMÁN

Toquen; verán que soy hecho de azogue.[170]

MÚSICO

Váyanse todos por lo que cantare,[171] 10
Y no será posible que se yerren.[172]

ESCARRAMÁN

Toquen; que me deshago y que me bullo.[173]

LA REPULIDA

Ya me muero por verle en la estacada.[174]

---

167 **regodeo:** fiesta. 168 **fuera ropa:** orden que se daba en las galeras para que los remeros remasen a toda prisa. Escarramán, que acaba de salir de las gurapas, usa esta expresión para decir "Empecemos de inmediato." 169 **flor y fruto:** como "flor y nata", lo mejor de su especie. 170 **azogue:** mercurio. 171 El músico da orden que todos se guíen en el baile por lo que él cantará. 172 **yerren:** subjuntivo de *errar*. 173 **bullir:** moverse en forma excesiva. 174 **estacada:** lugar designado para un desafío, en este caso de bailar.

MÚSICO

Estén alerta todos.

CHIQUIZNAQUE

Ya lo estamos.

Cantan:

"Ya salió de las gurapas
El valiente Escarramán,
5 Para asombro de la gura,
Y para bien de su mal.
Ya vuelve a mostrar al mundo
Su felice[175] habilidad,
Su ligereza y su brío,
10 Y su presencia real.
Pues falta la Coscolina,
Supla agora en su lugar
La Repulida, olorosa
Más que la flor de azahar,
15 Y en tanto que se remonda[176]
La Pizpita sin igual,
De la gallarda[177] el paseo[178]
Nos muestre aquí Escarramán.

Tocan la gallarda, dánzala ESCARRAMÁN, *que le ha de hacer el bailarín, y, en habiendo hecho una mudanza,*[179] *prosíguese el romance:*

La Repulida comience,
20 Con su brío, a rastrear,[180]
Pues ella fue la primera

[175] **felice:** feliz, licencia poética. Usada normalmente para que el verso tenga la medida correcta. [176] **remondarse:** aclararse la garganta escupiendo, como preliminar para cantar. [177] **gallarda:** baile de la época. [178] **paseo:** parte introductoria del baile de la gallarda. [179] **mudanza:** serie de pasos en un baile. [180] **rastrear:** hacer un tipo especial de pasos en un baile.

Que nos le vino a mostrar.
Escarramán la acompañe;
La Pizpita, otro que tal,[181]
Chiquiznaque, y la Mostrenca,
Con Juan Claros el galán. 5
¡Vive Dios que va de perlas![182]
No se puede desear
Más ligereza o más garbo,
Más certeza o más compás.
¡A ello, hijos, a ello! 10
No se pueden alabar
Otras ninfas,[183] ni otros rufos,[184]
Que nos puedan igualar.
¡Oh, qué desmayar de manos!
¡Oh, qué huir y qué juntar! 15
¡Oh, qué nuevos laberintos,
Donde hay salir y hay entrar!
Muden el baile a su gusto,
Que yo le sabré tocar:
El canario, o las gambetas, 20
O *Al villano se lo dan,*
Zarabanda, o Zambapalo,
El *Pésame dello* y más;
El rey don Alonso el Bueno,[185]
Gloria de la antigüedad." 25

ESCARRAMÁN

El canario, si le tocan,
A solas quiero bailar.

MÚSICO

Tocaréle yo de plata;
Tú de oro le bailarás.

---

181 **otro que tal:** lo mismo. 182 **ir de perlas:** estar muy bien algo. 183 **ninfa:** *nymph.* En germanía, nombre dado a la mujer de mala vida. 184 **rufo:** rufián. 185 **El canario . . . El rey don Alonso el Bueno:** nombres de bailes de la época.

Toca el canario, y baila solo ESCARRAMÁN; *y, en habiéndole bailado, diga:*

ESCARRAMÁN

Vaya *El villano* a lo burdo,[186]
Con la cebolla y el pan,[187]
Y acompáñenme los tres.

MÚSICO

Que te bendiga San Juan.

Bailan el villano, como bien saben,[188] *y, acabado el villano, pida* ESCARRAMÁN *el baile que quisiere,*[189] *y, acabado, diga* TRAMPAGOS:

TRAMPAGOS

5 Mis bodas se han celebrado
Mejor que las de Roldán.[190]
Todos digan, como digo:
¡Viva, viva Escarramán!

TODOS

¡Viva, viva!

---

186 **burdo**: rústico, como corresponde al villano, el baile y el nombre. 187 El baile del villano tenía un cantar que decía: "Al villano se la dan la cebolla con el pan." 188 **como bien saben**: lo mejor que saben. 189 **el baile que quisiere**: esto nos indica el elemento de improvisación que entraba en la representación de los entremeses. 190 **Roldán**: *Roland,* el sobrino de Carlomagno, famosísimo en toda la poesía épica carolingia, y conocidísimo en los romances españoles.

PREGUNTAS

1. Identifique con todos los detalles posibles a los siguientes personajes:
   (a) La Pericona
   (b) Chiquiznaque
   (c) Juan Claros
2. ¿Cómo y por qué cambia la actitud de Trampagos en el entremés?
3. ¿Quién es Escarramán? ¿Qué relación tiene con la historia literaria?
4. Describa el ambiente de este entremés.
5. ¿Cree Vd. que este entremés es un buen documento sociológico?
6. Qué se quiere expresar con el nombre *Vademécum*?
7. ¿Cuáles son las ocupaciones favoritas de Trampagos?
8. ¿Qué era la germanía? Haga un vocabulario de las voces de germanía usadas en esta obra.
9. Dé una descripción física y moral de la Mostrenca.
10. ¿Cómo y con qué se organiza la fiesta en casa de Trampagos?

III

LA ELECCION DE LOS ALCALDES DE DAGANZO[1]

Salen EL BACHILLER PESUÑA; PEDRO ESTORNUDO, *escribano*; PANDURO, *regidor*, *y* ALONSO ALGARROBA,[2] *regidor.*[3]

PANDURO

Rellánense;[4] que todo saldrá a cuajo,[5]
Si es que lo quiere el cielo benditísimo.

ALGARROBA

Mas echémoslo a doce, y no se venda.[6]

PANDURO

Paz, que no será mucho que salgamos
Bien del negocio, si lo quiere el cielo. 5

ALGARROBA

Que quiera, o que no quiera, es lo que importa . . .

---

1 **Daganzo:** pueblo de la provincia de Madrid, cerca de Alcalá de Henares, patria de Cervantes. 2 **Pesuña, Estornudo, Panduro, Algarroba:** Todos los nombres de personajes de este entremés son humorísticos: *Cloven-Hoof, Sneeze, Hard-Bread, Carob Bean.* 3 **regidor:** oficial del ayuntamiento de un pueblo o ciudad. 4 **rellanarse:** arrellanarse, sentarse con toda comodidad. 5 **a cuajo:** a gusto, a placer. 6 **echarlo a doce y que no se venda:** refrán que expresa la idea de atropellar con todo sin pensar en las consecuencias. Algarroba lo usa en forma irónica, pues lo que él quiere es que el negocio se vea despacio.

PANDURO

¡Algarroba, la luenga[7] se os deslicia![8]
Habrad[9] acomedido[10] y de buen rejo,[11]
Que no me suenan bien esas palabras:
"Quiera o no quiera el cielo"; por San Junco,[12]
5 Que, como presomís[13] de resabido,[14]
Os arrojáis a trochemoche[15] en todo.

ALGARROBA

Cristiano viejo soy a todo ruedo,[16]
Y creo en Dios a pies jontillas.[17]

EL BACHILLER

Bueno;
10 No hay más que desear.[18]

ALGARROBA

Y si por suerte,
Hablé mal, yo confieso que soy ganso,[19]
Y doy lo dicho por no dicho.

EL ESCRIBANO

Basta;
15 No quiere Dios, del pecador más malo,
Sino que viva y se arrepienta.

---

7 **luenga:** lengua. Así como el entremés anterior, *El rufián viudo,* está lleno de voces de germanía, lo que va muy bien con la calidad de sus personajes, este entremés está lleno de voces y formas rústicas, como es propio de los labradores que en él hablan. 8 **desliciar:** deslizar, rusticismo. 9 **habrar:** hablar, rusticismo. 10 **acomedido:** comedido. 11 **de buen rejo:** de buen modo. 12 **San Junco:** juramento de fantasía que por convención dramática se ponía en boca de los rústicos y villanos en el teatro. Más abajo habrá otro por el estilo: San Pito. 13 **presomir:** presumir. 14 **resabido:** persona que se precia de muy sabio. 15 **a trochemoche:** en forma impetuosa. 16 **a todo ruedo:** sin ningún defecto, perfecto. 17 **a pies jontillas:** con toda firmeza y convicción. **Jontillas:** juntillas, de junto. 18 **no hay más que desear:** Comienza aquí la larga serie de ironías que dedica Cervantes en esta obra a ciertos aspectos de la realidad social de su época. Algarroba está convencido de que ser cristiano viejo y creer en Dios (¡como si en lo primero no entrase lo segundo!) basta para ser alcalde. La frase del Bachiller subraya lo absurdo de tal situación. 19 **ganso:** *goose,* persona rústica.

ALGARROBA

Digo
Que vivo y me arrepiento, y que conozco
Que el cielo puede hacer lo que él quisiere,
Sin que nadie le pueda ir a la mano,[20]
Especial cuando llueve. 5

PANDURO

De las nubes,
Algarroba, cae el agua, no del cielo.

ALGARROBA

¡Cuerpo del mundo! si es que aquí venimos
A reprochar los unos a los otros,
Díganmoslo;[21] que a fe que no le falten 10
Reproches a Algarroba a cada paso.

EL BACHILLER

Redeamus ad rem,[22] señor Panduro
Y señor Algarroba; no se pase
El tiempo en niñerías[23] excusadas.
¿Juntámonos aquí para disputas 15
Impertinentes? Bravo caso es éste,
Que siempre que Panduro y Algarroba
Están juntos, al punto se levantan
Entre ellos mil borrascas y tormentas
De mil contradictorias intenciones! 20

EL ESCRIBANO

El señor bachiller Pesuña tiene
Demasiada razón; véngase al punto,

---

[20] **ir a la mano:** detener. [21] **díganmoslo:** rusticismo por dígannoslo. [22] **redeamus ad rem:** latín, volvamos al asunto. [23] **niñería:** acción propia de niños, por lo tanto de poca importancia.

Y mírese qué alcaldes nombraremos
Para el año que viene, que sean tales,
Que no los pueda calumniar Toledo,[24]
Sino que los confirme y dé por buenos,
5 Pues para esto ha sido nuestra junta.

PANDURO

De las varas hay cuatro pretensores:[25]
Juan Berrocal, Francisco de Humillos,
Miguel Jarrete y Pedro de la Rana;[26]
Hombres todos de chapa[27] y de caletre,[28]
10 Que pueden gobernar, no que a Daganzo,
Sino a la misma Roma.

ALGARROBA

A Romanillos.[29]

EL ESCRIBANO

¿Hay otro apuntamiento?[30] ¡Por San Pito,
Que me salga del corro!

ALGARROBA

15 Bien parece
Que se llama Estornudo el escribano,
Que así se le encarama[31] y sube el humo.[32]
Sosiéguese, que yo no diré nada.

---

24 **Toledo:** Daganzo, como Madrid, estaban en el antiguo reino de Toledo, cuya capital era la ciudad del mismo nombre. Por eso el Escribano menciona a Toledo y no a Madrid. Además, Toledo tenía una tradición de nobleza que no la tenía Madrid, que fue creada capital de España sólo en 1562, por Felipe II. 25 **pretensor:** pretendiente. 26 **Berrocal, Humillos, Jarrete, Rana:** *Rocky-Field, Swagger, Ham-Hock, Frog.* 27 **de chapa:** formal, serio. 28 **de caletre:** inteligente, capaz. 29 **Romanillos:** pueblo de la provincia de Guadalajara, no muy lejos de Alcalá de Henares. Evidentemente, la opinión que tenía Algarroba de los pretensores no era muy alta. 30 **apuntamiento:** dirigir algo en cierta dirección. El Escribano se enfada porque se apunta a la poca habilidad de los pretendientes. 31 **encaramarse:** subirse. 32 **subírsele el humo (a alguien):** enfadarse.

PANDURO

¿Hallarse han por ventura en todo el sorbe?[33]

ALGARROBA

¿Qué es *sorbe,* sorbe-huevos?[34] Orbe diga
El discreto Panduro, y serle ha[35] sano.

PANDURO

Digo que en todo el mundo no es posible
Que se hallen cuatro ingenios como aquestos 5
De nuestros pretensores.

ALGARROBA

Por lo menos,
Yo sé que Berrocal tiene el más lindo
Distinto.[36]

EL ESCRIBANO

¿Para qué? 10

ALGARROBA

Para ser sacre[37]
En esto de mojón y cata-vinos.[38]
En mi casa probó los días pasados
Una tinaja,[39] y dijo que sabía
El claro vino a palo, a cuero y hierro: 15
Acabó la tinaja su camino,

---

[33] **sorbe:** Panduro y otros personajes cometen errores de pronunciación parecidos a los de Sancho Panza, y que tanto le reprocha a éste Don Quijote. Panduro ha oído la palabra culta *orbe,* para él desconocida, y la asocia, por lo tanto, a una sí conocida por él, *sorbe* (de sorber, beber aspirando). Por eso la respuesta de Algarroba. [34] **sorbe-huevos:** tonto. [35] **serle ha:** forma antigua de *le será* (le ser + ha). [36] **distinto:** instinto, forma común en el Siglo de Oro. [37] **sacre:** tipo de halcón. Ser sacre: ser muy listo. [38] **mojón y cata-vinos:** son sinónimos, la persona que prueba los vinos para opinar sobre su calidad. [39] **tinaja:** vasija grande.

Y hallóse en el asiento della un palo
Pequeño, y dél pendía una correa
De cordobán[40] y una pequeña llave.

EL ESCRIBANO

¡Oh rara habilidad! ¡Oh raro ingenio!
5 Bien puede gobernar, el que tal sabe,
A Alanís y a Cazalla, y aun a Esquivias.[41]

ALGARROBA

Miguel Jarrete es águila.[42]

EL BACHILLER

¿En qué modo?

ALGARROBA

En tirar con un arco de bodoques.[43]

EL BACHILLER

10 ¿Qué, tan certero[44] es?

ALGARROBA

Es de manera,
Que, si no fuese porque los más tiros
Se da en la mano izquierda, no habría pájaro
En todo este contorno.

EL BACHILLER

15 ¡Para alcalde
Es rara habilidad, y necesaria!

---

40 **cordobán:** tipo de cuero. El cuento de Algarroba lo narra Sancho en forma un poco diferente (*Quijote,* II, cap. XIII). 41 **Alanís, Cazalla, Esquivias:** tres pueblos que producían famosos vinos, los dos primeros en la provincia de Sevilla, el último en la de Toledo. La mujer de Cervantes, Doña Catalina de Palacios, era de Esquivias. 42 **ser águila:** lo mismo que ser sacre. 43 **arco de bodoques:** arco que en vez de disparar flechas, lanzaba unas pelotas llamadas bodoques. 44 **certero:** persona que tiene buena puntería (*aim*).

ALGARROBA

¿Qué diré de Francisco de Humillos?
Un zapato remienda como un sastre.
Pues ¿Pedro de la Rana? No hay memoria
Que a la suya se iguale; en ella tiene
Del antiguo y famoso perro de Alba[45] 5
Todas las coplas, sin que letra falte.

PANDURO

Éste lleva mi voto.

EL ESCRIBANO

Y aun el mío.

ALGARROBA

A Berrocal me atengo.

EL BACHILLER

Yo a ninguno, 10
Si es que no dan más pruebas de su ingenio,
A la jurisprudencia encaminadas.

ALGARROBA

Yo daré un buen remedio, y es aqueste:[46]
Hagan entrar los cuatro pretendientes,
Y el señor Bachiller Pesuña puede 15
Examinarlos, pues del arte sabe,
Y, conforme a su ciencia, así veremos.
Quién podrá ser nombrado para el cargo.

EL ESCRIBANO

¡Vive Dios, que es rarísima advertencia!

---

[45] **coplas del perro de Alba:** famosas coplas de aquella época, que son una violentísima sátira antisemita. Es muy propio que un villano cristiano viejo supiese de memoria esas coplas, ya que las clases más bajas eran el baluarte del antisemitismo. [46] **aquéste:** éste.

PANDURO

Aviso es, que podrá servir de arbitrio
Para su Jamestad;[47] que, como en corte
Hay potra-médicos,[48] haya potra-alcaldes.

ALGARROBA

Prota, señor Panduro; que no potra.

PANDURO

5 Como vos no hay friscal en todo el mundo.

ALGARROBA

¡*Fiscal,*[49] pese a mis males!

EL ESCRIBANO

¡Por Dios santo
Que es Algarroba impertinente!

ALGARROBA

Digo
10 Que, pues se hace examen de barberos,[50]
De herradores,[51] de sastres, y se hace
De cirujanos y otras zarandajas,[52]
También se examinasen para alcaldes,
Y al que se hallase suficiente y hábil
15 Para tal menester, que se la diese

---

47 **Jamestad:** Majestad. Graciosa expresión, porque Jamestad trae a la memoria el eco de la palabra "jamelgo" (*nag*). 48 **potra-médico:** En la Corte los que examinaban a los pretendientes a médico se llamaban prota-médicos. El error de pronunciación es muy intencionado, porque "potra" quiere decir *hernia.* La existencia de prota-médicos le sugiere a Panduro la idea de tener prota–alcaldes, palabra que sale inevitablemente deformada de su boca en "potra–alcaldes". 49 **fiscal:** persona que averigua las acciones de otra. 50 **examen de barberos:** Para pasar de aprendiz a oficial en cualquier oficio era necesario aprobar un examen. 51 **herrador:** herrero, *blacksmith.* 52 **zarandajas:** cosas menudas, sin valor.

Carta de examen,[53] con la cual podría
El tal examinado remediarse;
Porque de lata en una blanca caja[54]
La carta acomodando merecida,[55]
A tal pueblo podrá llegar el pobre, 5
Que le pesen a oro; que hay hogaño[56]
Carestía[57] de alcaldes de caletre
En lugares pequeños casi siempre.

EL BACHILLER

Ello está muy bien dicho y bien pensado:
Llamen a Berrocal, entre, y veamos 10
Dónde llega la raya de su ingenio.

ALGARROBA

Humillos, Rana, Berrocal, Jarrete,
Los cuatro pretensores, se han entrado.

Entran estos cuatro labradores.

Ya los tienes presentes.

EL BACHILLER

Bien venidos 15
Sean vuesas mercedes.

BERROCAL

Bien hallados
Vuesas mercedes sean.

---

53 **carta de examen:** diploma o certificado que expresaba que la persona había pasado el examen referido. 54 **caja de lata:** Los certificados, títulos y demás documentos importantes, solían llevarse en una caja de lata (*tin*) cilíndrica. 55 **la carta acomodando merecida:** Nótese que el orden normal sería "acomodando la carta merecida". Esta licencia poética de cambiar el orden normal de las palabras se llama hipérbaton. 56 **hogaño:** hoy día, al presente. 57 **carestía:** falta o escasez.

PANDURO

Acomódense,
Que asientos sobran.

HUMILLOS

¡Siéntome, y me siento![58]

JARRETE

Todos nos sentaremos, Dios loado.

RANA

5 ¿De qué os sentís, Humillos?

HUMILLOS

De que vaya
Tan a la larga[59] nuestro nombramiento.
¿Hémoslo de comprar a[60] gallipavos,[61]
A cántaros de arrope[62] y a abiervadas,[63]
10 Y botas de lo añejo[64] tan crecidas
Que se arremetan[65] a ser cueros?[66] Díganlo,
Y pondráse remedio y diligencia.

EL BACHILLER

No hay sobornos aquí, todos estamos
De un común parecer, y es, que el que fuere
15 Más hábil para alcalde, ése se tenga
Por escogido y por llamado.[67]

---

58 **siéntome y me siento:** juego de palabras entre *sentarse* y *sentirse* (ofenderse). 59 **a la larga:** lentamente, poco a poco. 60 **a:** Nótese que aquí significa a cambio de, por el precio de. 61 **gallipavo:** pavo joven. 62 **arrope:** jugo de la uva cocido hasta hacerse jarabe. 63 **abiervado:** voz de significado discutible. Quizás sea forma de "abrevar" *to water cattle,* con referencia al vino de que se hablará de inmediato. O quizás sea errata. 64 **lo añejo:** el vino. 65 **arremeterse:** entrar en competencia. 66 **bota . . . cuero:** dos formas de guardar el vino, pero mientras la bota es pequeña, el cuero está hecho, precisamente, con el cuero de todo el animal. 67 **por escogido y por llamado:** alusión a las palabras del Evangelio, "Muchos son llamados mas pocos elegidos" (San Mateo XX: 16).

RANA

Bueno;
Yo me contento.

BERROCAL

Y yo.

EL BACHILLER

Mucho en buen hora.

HUMILLOS

También yo me contento. 5

JARRETE

Dello gusto.

EL BACHILLER

Vaya de examen, pues.

HUMILLOS

De examen venga.

EL BACHILLER

¿Sabéis leer, Humillos?

HUMILLOS

No, por cierto, 10
Ni tal se probará que en mi linaje
Haya persona tan de poco asiento,[68]
Que se ponga a aprender esas quimeras
Que llevan a los hombres al brasero,[69]

---

[68] **asiento:** cordura, juicio. [69] **brasero:** artefacto de metal que se usa para calentar las habitaciones, pero aquí se refiere a la hoguera en que la Inquisición quemaba a los condenados.

Y a las mujeres, a la casa llana.[70]
Leer no sé, mas sé otras cosas tales,
Que llevan al leer ventajas muchas.

EL BACHILLER

Y ¿cuáles cosas son?

HUMILLOS

5 Sé de memoria
Todas cuatro oraciones,[71] y las rezo
Cada semana cuatro y cinco veces.

RANA

Y ¿con eso pensáis de ser alcalde?

HUMILLOS

Con esto, y con ser yo cristiano viejo,
10 Me atrevo a ser un senador romano.

EL BACHILLER

Está muy bien. Jarrete diga agora
Qué es lo que sabe.

JARRETE

Yo, señor Pesuña,
Sé leer, aunque poco; deletreo,[72]

---

[70] **casa llana:** mancebía. Todo este discurso de Humillos constituye un violento y dolido ataque a la estructura española de vida, donde la menor ambición intelectual (el sólo saber leer) se veía como muy peligrosa. Muy en resumen, se puede decir, que la vida intelectual se asociaba en la España de aquellos siglos en particular con los judíos. El cristiano viejo había estado dedicado por muchos siglos a la guerra contra el moro, y despreciaba las formas de vida que no estuviesen ligadas a esa tarea. Dentro de este tipo de estructura vital era inevitable que para sentirse cristiano viejo (o sea, miembro de la clase dominadora) hubiese que despreciar la cultura. En esta situación histórico-social se comprende el horror de Humillos, al pensar que alguien en su familia hubiese sabido leer. [71] **cuatro oraciones:** eran el *Padrenuestro, Ave María, Credo* y *Salve.* [72] **deletrear:** pronunciar separadamente las letras de cada sílaba, como hacen los niños al aprender a leer.

Y ando en el *b-a-ba* bien ha tres meses,
Y en cinco más daré con ello a un cabo;[73]
Y además desta ciencia que ya aprendo,
Sé calzar[74] un arado bravamente,[75]
Y herrar,[76] casi en tres horas, cuatro pares 5
De novillos briosos y cerreros;[77]
Soy sano de mis miembros, y no tengo
Sordez[78] ni cataratas, tos ni reumas;[79]
Y soy cristiano viejo como todos,
Y tiro con un arco como un Tulio.[80] 10

ALGARROBA

¡Raras habilidades para alcalde,
Necesarias y muchas!

EL BACHILLER

Adelante.
¿Qué sabe Berrocal?

BERROCAL

Tengo en la lengua 15
Toda mi habilidad, y en la garganta;
No hay mojón en el mundo que me llegue;[81]
Sesenta y seis sabores estampados
Tengo en el paladar, todos vináticos.[82]

ALGARROBA

Y ¿quiere ser alcalde? 20

BERROCAL

Y lo requiero;

---

73 **dar a un cabo:** acabar. 74 **calzar:** arreglar, disponer. 75 **bravamente:** muy bien. 76 **herrar:** marcar con un hierro al ganado. 77 **cerrero:** bravo. 78 **sordez:** el estar sordo. 79 **reuma:** reumatismo. 80 **Tulio:** Marco Tulio Cicerón. La comparación es un disparate, pero es propia puesta en boca de un villano. 81 **llegarse uno (a alguien):** compararse. 82 **vinático:** adjetivo de *vino,* inventado por Berrocal.

Pues, cuando estoy armado a lo de Baco,[83]
Así se me aderezan los sentidos,
Que me parece a mí que en aquel punto
Podría prestar leyes a Licurgo[84]
5 Y limpiarme con Bártulo.[85]

PANDURO

¡Pasito;[86]
Que estamos en concejo![87]

BERROCAL

No soy nada
Melindroso ni puerco; sólo digo
10 Que no se me malogre mi justicia,
Que echaré el bodegón[88] por la ventana.[89]

EL BACHILLER

¿Amenazas aquí? Por vida mía,
Mi señor Berrocal, que valen poco.
¿Qué sabe Pedro Rana?

RANA

15 Como Rana,
Habré de cantar mal; pero, con todo,
Diré mi condición, y no mi ingenio.
Yo, señores, si acaso fuese alcalde,
Mi vara no sería tan delgada
20 Como las que se usan de ordinario:
De una encina[90] o de un roble la haría,
Y gruesa de dos dedos, temeroso

---

[83] **estar armado a lo de Baco:** estar borracho. [84] **Licurgo:** famoso y legendario legislador griego. [85] **Bártulo:** autor de una famosa obra de derecho. El lector puede imaginarse qué es lo que se limpiaría Berrocal con Bártulo. [86] **pasito:** paso, despacio. [87] **estar en concejo:** estar reunido el ayuntamiento. [88] **bodegón:** taberna. [89] **echar el bodegón por la ventana:** armar un gran escándalo. [90] **encina:** *evergreen oak.*

Que no me la encorvase el dulce peso
De un bolsón de ducados, ni otras dádivas,
O ruegos, o promesas, o favores,
Que pesan como plomo, y no se sienten
Hasta que os han brumado[91] las costillas 5
Del cuerpo y alma; y junto con aquesto,
Sería bien criado y comedido,
Parte severo y nada riguroso;
Nunca deshonraría al miserable
Que ante mí le trujesen[92] sus delitos; 10
Que suele lastimar una palabra
De un juëz arrojado,[93] de afrentosa,
Mucho más que lastima su sentencia,
Aunque en ella se intime cruel castigo.
No es bien que el poder quite la crianza,[94] 15
Ni que la sumisión de un delincuente
Haga al juez soberbio y arrogante.

ALGARROBA

¡Vive Dios, que ha cantado nuestra Rana
Mucho mejor que un cisne cuando muere!

PANDURO

Mil sentencias ha dicho censorinas.[95] 20

ALGARROBA

De Catón Censorino; bien ha dicho
El regidor Panduro.

PANDURO

¡Reprochadme![96]

---

91 **brumar:** golpear. 92 **trujesen:** vulgarismo por *trajesen,* de **traer.** 93 **arrojado:** atrevido. 94 **crianza:** cortesía. 95 **censorino:** como explica Algarroba de inmediato, se trata de sentencias dignas de Catón Censorino. 96 **reprochar:** Panduro se siente ofendido de que Algarroba le haya corregido el vocabulario.

ALGARROBA

Su tiempo se vendrá.

EL ESCRIBANO

Nunca acá venga.[97]
¡Terrible inclinación es, Algarroba,
La vuestra en reprochar!

ALGARROBA

5 No más, so escriba.[98]

EL ESCRIBANO

¿Qué *escriba,* fariseo?[99]

EL BACHILLER

¡Por San Pedro,
Que son muy demasiadas demasías[100]
Éstas!

ALGARROBA

10 Yo me burlaba.

EL ESCRIBANO

Y yo me burlo.

EL BACHILLER

Pues no se burlen más, por vida mía.

ALGARROBA

Quien miente, miente.

---

97 **nunca acá venga:** que no suceda nunca. 98 **escriba:** el que copia documentos. Es insultante llamar *escriba* al *escribano.* 99 **fariseo:** *pharisee,* hipócrita. Tanto "escriba" (en otro sentido, intérprete de la ley entre los judíos,) como "fariseo" son nombres doblemente insultantes en la España del Siglo de Oro por sus alusiones a los judíos. 100 **demasía:** exceso, insolencia.

EL ESCRIBANO

Y quien verdad pronuncia,
Dice verdad.

ALGARROBA

Verdad.

EL ESCRIBANO

Pues punto en boca.[101]

HUMILLOS

Esos ofrecimientos que ha hecho Rana, 5
Son desde lejos.[102] A fe[103] que si él empuña
Vara, que él se trueque y sea otro hombre
Del que ahora parece.

EL BACHILLER

Está de molde
Lo que Humillos ha dicho. 10

HUMILLOS

Y más añado:
Que si me dan la vara, verán cómo
No me mudo ni trueco, ni me cambio.

EL BACHILLER

Pues veis aquí la vara, y haced cuenta
Que sois alcalde ya. 15

ALGARROBA

¡Cuerpo del mundo!
La vara le dan zurda?[104]

---

101 **punto en boca:** callarse. 102 **ser desde lejos:** se dice de algo vago, inconcreto. 103 **a fe:** por cierto. 104 **zurdo:** izquierdo.

HUMILLOS

¿Cómo zurda?

ALGARROBA

Pues ¿no es zurda esta vara? Un sordo o mudo
Lo podrá echar de ver desde una legua.

HUMILLOS

¿Cómo, pues, si me dan zurda la vara,
5 Quieren que juzgue yo derecho?[105]

EL ESCRIBANO

El diablo
Tiene en el cuerpo este Algarroba; ¡miren
Dónde jamás se han visto varas zurdas!

Entra UNO.

UNO

Señores, aquí están unos gitanos
10 Con unas gitanillas milagrosas;[106]
Y aunque la ocupación se les ha dicho
En que están sus mercedes, todavía
Porfían que han de entrar a dar solacio[107]
A sus mercedes.

EL BACHILLER

15 Entren, y veremos
Si nos podrán servir para la fiesta
Del Corpus,[108] de quien yo soy mayordomo.[109]

---

105 **derecho:** juego de palabras con los dos sentidos de "lo opuesto a izquierdo" y "lo justo". 106 **gitanilla milagrosa:** muy guapa. 107 **solacio:** solaz, que divierte, entretiene. 108 **Corpus:** la fiesta de Corpus Christi, que se festejaba con grandes procesiones y representaciones teatrales de autos sacramentales. 109 **mayordomo:** Las fiestas del Corpus tenían un director que se llamaba mayordomo.

PANDURO

Entren mucho en buen hora.

EL BACHILLER

Entren luego.

HUMILLOS

Por mí, ya los deseo.

JARRETE

Pues yo, pajas.[110]

RANA

¿Ellos no son gitanos? Pues adviertan 5
Que no nos hurten las narices.[111]

UNO

Ellos,
Sin que los llamen, vienen; ya están dentro.

Entran los músicos de gitanos, y dos gitanas bien aderezadas, y al són deste romance, que han de cantar los músicos, ellas dancen.

MÚSICO

"Reverencia os hace el cuerpo,
Regidores de Daganzo, 10
Hombres buenos de repente,
Hombres buenos de pensado;[112]
De caletre prevenidos
Para proveer los cargos

---

110 **pues yo, pajas:** expresión para indicar que no le importa nada. 111 **no nos hurten las narices:** la fama de ladrones de los gitanos era y es proverbial. 112 **de pensado:** lo opuesto a "de repente". Según los músicos, los regidores de Daganzo son buenos en toda ocasión.

Que la ambición solicita
Entre moros y cristianos.[113]
Parece que os hizo el cielo,
El cielo, digo, estrellado,
5 Sansones para las letras,
Y para las fuerzas Bártulos."[114]

JARRETE

Todo lo que se canta toca historia.[115]

HUMILLOS

Ellas y ellos son únicos y ralos.[116]

ALGARROBA

Algo tienen de espesos.

EL BACHILLER

10 Ea, *sufficit*.[117]

MÚSICO

"Como se mudan los vientos,
Como se mudan los ramos,
Que, desnudos en invierno,
Se visten en el verano,
15 Mudaremos nuestros bailes
Por puntos,[118] y a cada paso,
Pues mudarse las mujeres
No es nuevo ni extraño caso.
¡Vivan de Daganzo los regidores,
20 *Que parecen palmas, puesto que son robles!*"

---

113 **moros y cristianos:** expresión proverbial para decir "todo el mundo". 114 **Sansones . . . Bártulos:** Si los regidores fuesen buenos de verdad, los atributos serían al revés. 115 **tocar historia:** acercarse a la verdad. 116 **ralo:** Humillos quiere decir *raro,* pero pronuncia *ralo* (escaso, poco) y por eso la réplica de Algarroba, de que en vez de *ralos* son *espesos.* 117 **sufficit:** latín, basta. 118 **por puntos:** de un momento a otro.

Bailan.

JARRETE

¡Brava trova,[119] por Dios!

HUMILLOS

Y muy sentida.

BERROCAL

Éstas se han de imprimir, para que quede
Memoria de nosotros en los siglos
De los siglos. Amén. 5

EL BACHILLER

Callen, si pueden.

MÚSICO

"Vivan y revivan,
Y en siglos veloces
Del tiempo los días
Pasen con las noches, 10
Sin trocar la edad,
Que treinta años forme,
Ni tocar las hojas
De sus alcornoques.[120]
Los vientos que anegan, 15
Si contrarios corren,
Cual céfiros[121] blandos
En sus mares soplen.
¡Vivan de Daganzo los regidores,
Que palmas parecen, puesto que son robles!" 20

---

119 **trova:** canción. 120 **alcornoque:** *cork tree,* pero tambien "tonto". 121 **céfiro:** brisa.

EL BACHILLER

El estribillo en parte me desplace;
Pero, con todo, es bueno.

BERROCAL

Ea, callemos.

MÚSICO

"Pisaré yo el polvico,[122]
5 A tan menudico,
Pisaré yo el polvó,
A tan menudó."

PANDURO

Estos músicos hacen pepitoria
De su cantar.

HUMILLOS

10 Son diablos los gitanos.

MÚSICO

"Pisaré yo la tierra
Por más que esté dura,
Puesto que me abra en ella
Amor sepultura.
15 Pues ya mi buena ventura
Amor la pisó
A tan menudó.
Pisaré yo lozana
El más duro suelo,
20 Si en él acaso pisas
El mal que recelo;

---

122 **pisaré yo el polvico:** baile popular que tenía este cantar.

Mi bien se ha pasado en vuelo,
Y el polvo dejó
A tan menudó."

Entra un SOTA-SACRISTÁN,[123] *muy mal endeliñado.*[124]

SOTA-SACRISTÁN

Señores regidores, ¡voto a dico,[125]
Que es de bellacos tanto pasatiempo! 5
¿Así se rige el pueblo, noramala,[126]
Entre guitarras, bailes y bureos?[127]

EL BACHILLER

¡Agarradle, Jarrete!

JARRETE

Ya le agarro.

EL BACHILLER

Traigan aquí una manta; que, por Cristo, 10
Que se ha de mantear[128] este bellaco,
Necio, desvergonzado e insolente,
Y atrevido además.

SOTA-SACRISTÁN

¡Oigan, señores!

ALGARROBA

Volveré con la manta a las volandas.[129] 15

---

123 **sota-sacristán:** *assistant sexton.* 124 **endeliñado:** vestido. 125 **voto a dico:** eufemismo por voto a Dios. 126 **noramala:** en hora mala. 127 **bureo:** fiesta. 128 **mantear:** tirar con violencia en el aire a una persona puesta en una manta, que sujetan entre varios. Fue uno de los castigos de Sancho en la venta (*Quijote,* I, cap. XVII.) 129 **a las volandas:** de prisa.

Éntrase ALGARROBA.

SOTA-SACRISTÁN

Miren que les intimo que soy présbiter.[130]

EL BACHILLER

¿Tú presbítero, infame?

SOTA-SACRISTÁN

Yo presbítero;
O de prima tonsura,[131] que es lo mismo.

PANDURO

5 Agora lo veredes, dijo Agrajes.[132]

SOTA-SACRISTÁN

No hay Agrajes aquí.

EL BACHILLER

Pues habrá grajos[133]
Que te piquen la lengua y aun los ojos.

RANA

Dime, desventurado: ¿qué demonio
10 Se revistió en tu lengua? ¿Quién te mete
A ti en reprehender[134] a la justicia?
¿Has tú de gobernar a la república?
Métete[135] en tus campanas y en tu oficio.
Deja a los que gobiernan; que ellos saben

130 **présbiter:** presbítero, sacerdote. 131 **prima tonsura:** La tonsura indica el ingreso en el estado clerical. 132 **Agora lo veredes, dijo Agrajes:** expresión proverbial de reto (*challenge*). Agrajes es personaje del *Amadís de Gaula,* la más famosa novela de caballerías. 133 **grajo:** *jackdaw.* Juego de palabras por aproximación fonética: *Agrajes–grajo.* 134 **reprehender:** reprender. 135 **meterse:** conformarse.

Lo que han de hacer, mejor que no[136] nosotros.
Si fueren malos, ruega por su enmienda;
Si buenos, porque Dios no nos los quite.

EL BACHILLER

Nuestro Rana es un santo y un bendito.

Vuelve ALGARROBA; *trae la manta.*

ALGARROBA

No ha de quedar por manta.[137] 5

EL BACHILLER

Asgan,[138] pues, todos,
Sin que queden[139] gitanos ni gitanas.
¡Arriba, amigos!

SOTA-SACRISTÁN

¡Por Dios, que va de veras![140]
¡Vive Dios, si me enojo, que bonito 10
Soy yo para estas burlas! ¡Por San Pedro,
Que están descomulgados[141] todos cuantos
Han tocado los pelos de la manta!

RANA

Basta, no más: aquí cese el castigo;
Que el pobre debe estar arrepentido. 15

SOTA-SACRISTÁN

Y molido, que es más. De aquí adelante

---

136 **no:** Nótese que este *no* es superfluo en español moderno, pero era usual en español clásico. 137 **No ha de quedar por manta:** no quedará esto sin hacer por falta de manta. 138 **asgan:** imperativo de *asir*. 139 **sin que queden:** sin que falten. 140 **de veras:** de verdad. 141 **descomulgado:** forma vulgar de *excomulgado*. Los que ponen manos en un sacerdote son excomulgados por la Iglesia.

Me coseré la boca con dos cabos
De zapatero.

RANA

Aqueso[142] es lo que importa.

EL BACHILLER

Vénganse los gitanos a mi casa;
5 Que tengo qué decilles.

GITANO

Tras ti vamos.

EL BACHILLER

Quedarse ha la elección para mañana,
Y desde luego doy mi voto a Rana.

GITANO

¿Cantaremos, señor?

BACHILLER

10 Lo que quisiéredes.[143]

PANDURO

No hay quien cante cual[144] nuestra Rana canta.

JARRETE

No solamente canta, sino encanta.

Éntranse cantando: "Pisaré yo el polvico."

---

142 **aqueso:** eso. 143 **quisiéredes:** forma antigua de *quisieres,* de **querer.** 144 **cual:** como.

PREGUNTAS

1. ¿Cómo se lleva a cabo la elección de los alcaldes?
2. ¿Cuántos pretendientes hay, y qué cualidades tiene cada uno?
3. ¿Cómo ha demostrado Berrocal su extraordinaria habilidad?
4. ¿Qué le pasa al sota-sacristán, y por qué?
5. ¿Qué hay de común entre el desenlace de este entremés y el de *El juez de los divorcios*?
6. Describa el ambiente de este entremés.
7. ¿En qué aspectos hay crítica social aquí?
8. ¿Qué relaciones se pueden establecer entre cristiano viejo e incultura?
9. ¿Cuáles son los valores que dominan en las vidas de los pretendientes?
10. ¿Cómo son presentados los gitanos?

IV

LA GUARDA[1] *CUIDADOSA*

Sale un SOLDADO *a lo pícaro,*[2] *con una muy mala banda*[3] *y un antojo,*[4] *y detrás dél un mal* SACRISTÁN.

SOLDADO

¿Qué me quieres, sombra vana?

SACRISTÁN

No soy sombra vana, sino cuerpo macizo.

SOLDADO

Pues, con todo eso,[5] por la fuerza de mi desgracia, te conjuro que me digas quién eres, y qué es lo que buscas por esta calle.

SACRISTÁN

A eso te respondo, por la fuerza de mi dicha, que soy Lorenzo Pasillas, sota-sacristán desta parroquia, y busco en esta calle lo que hallo, y tú buscas y no hallas. 5

---

1 **guarda:** *watch,* en el sentido militar. 2 **a lo pícaro:** vestido de harapos. 3 **banda:** Los soldados españoles llevaban una banda roja. 4 **antojo:** anteojo. Tubo de lata en que se llevaban los documentos, como la caja de lata de *La elección de los alcaldes de Daganzo.* 5 **con todo eso:** a pesar de todo eso.

SOLDADO

¿Buscas por ventura a Cristinica, la fregona desta casa?

SACRISTÁN

Tu dixisti.[6]

SOLDADO

Pues ven acá, sota-sacristán de Satanás.

SACRISTÁN

Pues voy allá, caballo de Ginebra.[7]

SOLDADO

5 Bueno: sota y caballo; no falta sino el rey para tomar las manos.[8] Ven acá, digo otra vez, ¿y tú no sabes, Pasillas, que pasado[9] te vea yo con un chuzo,[10] que Cristinica es prenda mía?

SACRISTÁN

¿Y tú no sabes, pulpo vestido,[11] que esa prenda la tengo yo rematada,[12] que está por sus cabales[13] y por mía?

SOLDADO

10 ¡Vive Dios, que te dé mil cuchilladas,[14] y que te haga la cabeza pedazos!

---

[6] **tu dixisti:** latín, tú lo has dicho. [7] **caballo de Ginebra:** expresión oscura. En primer lugar, se trata de un juego de palabras: sota-sacristán es *assistant sexton*, como queda dicho, pero al mismo tiempo "sota" es *knave,* en el naipe español, y "caballo" es *queen.* "Ginebra" puede ser alusión a la ciudad suiza (*Geneva*), considerada un centro de herejías, y sería, entonces, respuesta al "Satanás" del Soldado. Pero "Ginebra" también es el nombre español de la mujer del Rey Arturo (*Guinevere*), y la expresión quizés alude a este famoso cuento de caballerías. [8] **tomar las manos:** *deal the cards.* La persona que reunía sota, caballo y rey era la que repartía los naipes. [9] **pasado:** traspasado. El Soldado juega con las palabras *Pasillas-pasado.* [10] **chuzo:** especie de lanza. [11] **pulpo vestido:** los harapos del Soldado se parecen a los tentáculos de un pulpo (*octopus.*) [12] **rematado:** *bought at an auction.* El Soldado dice "prenda" en el sentido amoroso, y el Sacristán usa la palabra en el sentido físico, por eso añade que la tiene comprada en un remate. [13] **por sus cabales:** por su justo precio. [14] **cuchillada:** golpe dado con el cuchillo o la espada.

SACRISTÁN

Con las[15] que le cuelgan desas calzas,[16] y con los[17] dese vestido, se podrá entretener, sin que se meta con los de mi cabeza.

SOLDADO

¿Has hablado alguna vez a Cristina?

SACRISTÁN

Cuando quiero.

SOLDADO

¿Qué dádivas le has hecho? 5

SACRISTÁN

Muchas.

SOLDADO

¿Cuántas y cuáles?

SACRISTÁN

Dile una destas cajas de carne de membrillo,[18] muy grande, llena de cercenaduras[19] de hostias, blancas como la misma nieve, y de añadidura cuatro cabos de velas de cera, asimismo blancas como un 10 armiño.

SOLDADO

¿Qué más le has dado?

SACRISTÁN

En un billete envueltos, cien mil deseos de servirla.

---

15 **las:** Nótese que se refiere a cuchilladas.. 16 **calzas:** *breeches.* Las calzas acuchilladas tenían grandes agujeros por los cuales se mostraba el forro (*lining*). 17 **los:** Nótese que se refiere a pedazos. 18 **carne de membrillo:** *quince preserve.* 19 **cercenadura:** parte cortada de algo.

SOLDADO

Y ella ¿cómo te ha correspondido?

SACRISTÁN

Con darme esperanzas propincuas[20] de que ha de ser mi esposa.

SOLDADO

Luego ¿no eres de epístola?[21]

SACRISTÁN

Ni aun de completas.[22] Motilón[23] soy, y puedo casarme cada y cuando[24] me viniere en voluntad; y presto lo veredes.

SOLDADO

Ven acá, motilón arrastrado;[25] respóndeme a esto que preguntarte quiero. Si esta mochacha[26] ha correspondido tan altamente, lo cual yo no creo, a la miseria de tus dádivas, ¿cómo corresponderá a la grandeza de las mías? Que el otro día le envié un billete amoroso, escrito por lo menos en un revés de un memorial[27] que di a su Majestad, significándole[28] mis servicios y mis necesidades presentes; que no cae en mengua el soldado que dice que es pobre; el cual memorial salió decretado[29] y remitido al limosnero mayor;[30] y, sin atender a que sin duda alguna me podía valer cuatro o seis reales, con liberalidad increíble, y con desenfado[31] notable, escribí en el revés dél, como he dicho, mi billete; y sé que de mis manos pecadoras llegó a las suyas casi santas.

---

20 **propincuo:** próximo. 21 **epístola:** *Epistle,* en el sentido religioso. Al estar ordenado de epístola, el futuro sacerdote ya no se puede casar. 22 **completas:** la última de las horas canónicas, que rezan los sacerdotes. Para rezarlas no hace falta estar ordenado de nada. 23 **motilón:** que no está tonsurado. 24 **cada y cuando:** en cualquier momento. 25 **arrastrado:** desastrado. 26 **mochacha:** muchacha. 27 **memorial:** solicitud escrita. 28 **significar:** expresar. 29 **salir decretado:** ser aprobado. 30 **limosnero mayor:** sacerdote que tenía a su cargo el repartir las limosnas del rey. Evidentemente, el Soldado no merecía un premio sino una limosna. 31 **desenfado:** soltura, desembarazo.

SACRISTÁN

¿Hasle enviado otra cosa?

SOLDADO

Suspiros, lágrimas, sollozos, parasismos, desmayo, con toda la caterva[32] de las demonstraciones necesarias que para descubrir su pasión los buenos enamorados usan, y deben de usar en todo tiempo y sazón. 5

SACRISTÁN

¿Hasle dado alguna música concertada?

SOLDADO

La de mis lamentos y congojas, las de mis ansias y pesadumbres.

SACRISTÁN

Pues a mí me ha acontecido dársela con mis campanas[33] a cada paso; y tanto, que tengo enfadada a toda la vecindad con el continuo ruido que con ellas hago, sólo por darle contento y porque sepa que 10 estoy en la torre, ofreciéndome a su servicio; y aunque haya de tocar a muerto,[34] repico a vísperas solenes.[35]

SOLDADO

En eso me llevas ventaja, porque no tengo qué tocar, ni cosa que lo valga.[36]

SACRISTÁN

¿Y de qué manera ha correspondido Cristina a la infinidad de 15 tantos servicios como le has hecho?

SOLDADO

Con no verme, con no hablarme, con maldecirme cuando me

---

32 **caterva:** multitud de cosas sin orden. 33 **mis campanas:** las campanas de su iglesia. 34 **tocar a muerto:** el toque de campanas cuando ha muerto alguien. 35 **vísperas solemnes:** *solemn Vespers.* 36 **ni cosa que lo valga:** ni cosa parecida.

encuentra por la calle, con derramar sobre mí las lavazas[37] cuando jabona, y el agua de fregar cuando friega; y esto es cada día, porque todos los días estoy en esta calle y a su puerta; porque soy su guarda[38] cuidadosa; soy, en fin, el perro del hortelano,[39] etcétera. Yo no la 5 gozo, ni ha de gozarla ninguno mientras yo viviere: por eso, váyase de aquí el señor sota-sacristán; que por haber tenido y tener respeto a las órdenes que tiene, no le tengo ya rompidos[40] los cascos.[41]

SACRISTÁN

A rompérmelos como están rotos esos vestidos, bien rotos 10 estuvieran.

SOLDADO

El hábito no hace al monje;[42] y tanta honra tiene un soldado roto por causa de la guerra, como la tiene un colegial[43] con el manto[44] hecho añicos,[45] porque en él se muestra la antigüedad de sus estudios; ¡y váyase, que haré lo que dicho tengo!

SACRISTÁN

15 ¿Es porque me ve sin armas? Pues espérese aquí, señor guarda cuidadosa, y verá quién es Callejas.[46]

SOLDADO

¿Qué puede ser un Pasillas?

SACRISTÁN

Ahora lo veredes, dijo Agrajes.

---

37 **lavazas:** agua sucia en que se han lavado los platos. 38 **su guarda:** muy propio de su oficio de soldado. 39 **perro del hortelano:** *dog in the manger.* **Hortelano:** persona que cultiva una huerta. 40 **rompido:** Nótese que ahora se diría *roto.* 41 **cascos:** cabeza. 42 **El hábito no hace al monje:** refrán que expresa la idea de que las apariencias engañan. 43 **colegial:** estudiante en un colegio universitario. 44 **manto:** era parte del hábito estudiantil. 45 **añicos:** pedazos pequeños. 46 **Verá quién es Callejas:** expresión proverbial de amenaza: *You shall see who I am!*

Éntrase el SACRISTÁN.

SOLDADO

¡Oh, mujeres, mujeres, todas, o las más, mudables y antojadizas![47] ¿Dejas, Cristina, a esta flor, a este jardín de la soldadesca,[48] y acomódaste con el muladar[49] de un sota-sacristán, pudiendo acomodarte con un sacristán entero, y aun con un canónigo? Pero yo procuraré que te entre en mal provecho, si puedo, aguando[50] tu gusto, con ojear[51] desta calle y de tu puerta los que imaginare que por alguna vía pueden ser tus amantes; y así vendré a alcanzar nombre de la guarda cuidadosa.

Entra un MOZO[52] *con su caja y ropa verde, como estos que piden limosna para alguna imagen.*

MOZO

Den por Dios, para la lámpara del[53] aceite de señora Santa Lucía,[54] que les guarde la vista de los ojos. ¡Ha de casa![55] ¿Dan limosna?

SOLDADO

Hola, amigo Santa Lucía, venid acá: ¿qué es lo que queréis en esa casa?

MOZO

¿Ya vuesa merced no lo ve? Limosna para la lámpara del aceite de señora Santa Lucía.

SOLDADO

Pedís para la lámpara, o para el aceite de la lámpara? Que,

---

47 **antojadizo:** lleno de antojos. 48 **la soldadesca:** la vida militar, el ejército. 49 **muladar:** lugar donde se echa la basura; por lo tanto, persona muy sucia. 50 **aguar:** frustrar. 51 **ojear:** espantar la caza. 52 **un mozo:** lo que ahora llamaríamos un santero, el que pide limosna para un santo. 53 **del:** Nótese que debería de decir *de*. 54 **Santa Lucía:** patrona de las enfermedades de la vista. 55 **¡Ha de casa!:** antigua forma de llamar a una casa.

como decís: limosna para la lámpara del aceite, parece que la lámpara es del aceite, y no el aceite de la lámpara.

MOZO

Ya todos entienden que pido para aceite de la lámpara, y no para la lámpara del aceite.

SOLDADO

5 ¿Y suelen-os dar limosna en esta casa?

MOZO

Cada día dos maravedís.

SOLDADO

¿Y quién sale a dároslos?

MOZO

Quien se halla más a mano; aunque las más veces sale una fregoncita que se llama Cristina, bonita como un oro.

SOLDADO

10 Así que ¿es la fregoncita bonita como un oro?

MOZO

¡Y como unas perlas!

SOLDADO

¿De modo que no os parece mal a vos la muchacha?

MOZO

Pues aunque yo fuera hecho de leño, no pudiera parecerme mal.

SOLDADO

¿Cómo os llamáis? Que no querría volveros a llamar Santa
15 Lucía.

MOZO

Yo, señor, Andrés me llamo.

SOLDADO

Pues, señor Andrés, esté[56] en lo que quiero decirle: tome este cuarto de a ocho,[57] y haga cuenta que va pagado por cuatro días de la limosna que le dan en esta casa, y suele recebir por mano de Cristina; y váyase con Dios, y séale aviso[58] que por cuatro días no vuelva a llegar a esta puerta ni por lumbre, que le romperé las costillas a coces.[59] 5

MOZO

Ni aun volveré en este mes, si es que me acuerdo; no tome vuesa merced pesadumbre, que ya me voy. (*Vase.*)

SOLDADO

¡No, sino dormíos, guarda cuidadosa! 10

Entra OTRO MOZO, *vendiendo y pregonando tranzaderas,*[60] *holanda, cambray,*[61] *randas*[62] *de Flandes, y hilo portugués.*

OTRO MOZO

¿Compran tranzaderas, randas de Flandes, holanda, cambray, hilo portugués?

CRISTINA, *a la ventana.*

CRISTINA

Hola, Manuel: ¿traéis vivos[63] para unas camisas?

---

56 **esté:** aquí, entienda. 57 **cuarto de a ocho:** cuarto de ocho maravedís (moneda de poco valor). 58 **serle aviso:** estar avisado. 59 **coz:** patada. 60 **tranzadera:** trenzadera, lazo. 61 **holanda, cambray:** tipos de lienzo. 62 **randa:** adorno de encaje. 63 **vivo:** *braid.*

OTRO MOZO

Sí traigo: y muy buenos.

CRISTINA

Pues entrá;[64] que mi señora los ha menester.

SOLDADO

¡Oh, estrella de mi perdición, antes que norte de mi esperanza!— Tranzaderas, o como os llamáis, ¿conocéis aquella doncella que os
5 llamó desde la ventana?

OTRO MOZO

Sí conozco; pero, ¿por qué me lo pregunta vuesa merced?

SOLDADO

¿No tiene muy buen rostro y muy buena gracia?

OTRO MOZO

A mí así me lo parece.

SOLDADO

Pues también me parece a mí que no entre dentro desa casa; si
10 no, ¡por Dios que he de molelle los huesos, sin dejarle ninguno sano!

OTRO MOZO

Pues ¿no puedo yo entrar adonde me llaman para comprar mi mercadería?

SOLDADO

¡Vaya, no me replique, que haré lo que digo, y luego!

---

[64] **entrá:** Nótese que es la forma vulgar del imperativo *entrad.*

OTRO MOZO

¡Terrible caso! Pasito, señor soldado, que ya me voy. (*Vase.*)

CRISTINA, *a la ventana.*

CRISTINA

¿No entras, Manuel?

SOLDADO

Ya se fue Manuel, señora la de los vivos, y aun señora la de los muertos,[65] porque a muertos y a vivos tienes debajo de tu mando y señorío. 5

CRISTINA

¡Jesús, y qué enfadoso animal! ¿Qué quieres en esta calle y en esta puerta?

Éntrase CRISTINA.

SOLDADO

Encubrióse y púsose mi sol detrás de las nubes.

Entra un ZAPATERO *con unas chinelas*[66] *pequeñas nuevas en la mano, y yendo a entrar en casa de* CRISTINA, *detiénele el* SOLDADO.

SOLDADO

Señor bueno, ¿busca vuesa merced algo en esta casa?

ZAPATERO

Sí busco. 10

65 **vivos . . . muertos:** juego de palabras basado en el doble sentido de vivo, *braid* y *alive.* 66 **chinela:** especie de zapato sin talón.

SOLDADO

¿Y a quién, si fuere posible saberlo?

ZAPATERO

¿Por qué no? Busco a una fregona que está en esta casa, para darle estas chinelas que me mandó hacer.

SOLDADO

¿De manera que vuesa merced es su zapatero?

ZAPATERO

5 Muchas veces la he calzado.

SOLDADO

¿Y hale de calzar ahora estas chinelas?

ZAPATERO

No será menester; si fueran zapatillas[67] de hombre, como ella los suele traer, sí calzara.

SOLDADO

¿Y éstas, están pagadas, o no?

ZAPATERO

10 No están pagadas; que ella me las ha de pagar agora.

SOLDADO

¿No me haría vuesa merced una merced, que sería para mí muy grande, y es que me fiase estas chinelas, dándole yo prendas que lo valiesen, hasta desde aquí a dos días, que espero tener dineros en abundancia?

---

67 **zapatilla**: *slipper*.

ZAPATERO

Sí haré, por cierto: venga la prenda, que como soy pobre oficial, no puedo fiar a nadie.

SOLDADO

Yo le daré a vuesa merced un mondadientes,[68] que le estimo en mucho, y no le dejaré por un escudo, ¿Dónde tiene vuesa merced la tienda, para que vaya a quitarle?[69] 5

ZAPATERO

En la calle Mayor,[70] en un poste[71] de aquéllos, y llámome Juan Juncos.

SOLDADO

Pues, señor Juan Juncos, el mondadientes es éste, y estímele vuesa merced en mucho, porque es mío.

ZAPATERO

Pues una biznaga[72] que apenas vale dos maravedís, ¿quiere vuesa 10 merced que estime en mucho?

SOLDADO

¡Oh, pecador de mí! No la doy yo sino para recuerdo de mí mismo; porque cuando vaya a echar mano a la faldriquera,[73] y no halle la biznaga, me venga a la memoria que la tiene vuesa merced y vaya luego a quitalla; sí a fe de soldado, que no la doy por otra cosa; 15 pero si no está contento con ella, añadiré esta banda y este antojo; que al buen pagador no le duelen prendas.[74]

---

68 **mondadientes:** *toothpick.* A veces se hacían de plata y oro. 69 **a quitarle:** a desempeñar, sacar del empeño. 70 **calle Mayor:** una de las calles centrales de Madrid. 71 **poste:** poste de los pórticos que había en la calle Mayor. 72 **biznaga:** parte de la flor de una planta que se usa como mondadientes. 73 **faldriquera:** faltriquera, bolsillo. 74 **al buen pagador no le duelen prendas:** expresión proverbial que indica que uno cumple fielmente con sus obligaciones.

ZAPATERO

Aunque zapatero, no soy tan descortés que tengo de despojar a vuesa merced de sus joyas y preseas;[75] vuesa merced se quede con ellas, que yo me quedaré con mis chinelas, que es lo que me está más a cuento.[76]

SOLDADO

5 ¿Cuántos puntos[77] tienen?

ZAPATERO

Cinco escasos.[78]

SOLDADO

Más escaso soy yo, chinelas de mis entrañas, pues no tengo seis reales para pagaros. ¡Chinelas de mis entrañas!—Escuche vuesa merced, señor zapatero, que quiero glosar[79] aquí de repente este
10 verso, que me ha salido medido:

Chinelas de mis entrañas.

ZAPATERO

¿Es poeta vuesa merced?

SOLDADO

Famoso, y agora lo verá; estéme atento.

Chinelas de mis entrañas.

GLOSA

15 Es amor tan gran tirano,
Que, olvidado de la fe
Que le guardo siempre en vano,

[75] **presea:** alhaja. [76] **estar a cuento:** ser conveniente. [77] **punto:** El calzado se medía por puntos. [78] **cinco escasos:** o sea, que Cristinica tenía un pie pequeñísimo. [79] **glosar:** *to gloss,* explicar o comentar un texto. La "glosa" es un tipo de composición poética en que se repite un verso (o más) propuesto anteriormente.

Hoy, con la funda[80] de un pie,
Da a mi esperanza de mano.[81]
Estas son vuestras hazañas,
Fundas pequeñas y hurañas;[82]
Que ya mi alma imagina 5
Que sois, por ser de Cristina,
Chinelas de mis entrañas.

ZAPATERO

A mí poco se me entiende de trovas; pero éstas me han sonado tan bien que me parecen de Lope,[83] como lo son todas las cosas que son o parecen buenas. 10

SOLDADO

Pues señor, ya que no lleva remedio[84] de fiarme estas chinelas, que no fuera mucho, y más sobre tan dulces prendas,[85] por mi mal halladas, llévelo, a lo menos, de que vuesa merced me las guarde hasta desde aquí a dos días, que yo vaya por ellas; y por ahora, digo, por esta vez, el señor zapatero no ha de ver ni hablar a Cristina. 15

ZAPATERO

Yo haré lo que me manda el señor soldado, porque se me trasluce de qué pies cojea,[86] que son dos: el de la necesidad y el de los celos.

SOLDADO

Ése no es ingenio de zapatero, sino de colegial trilingüe.[87]

---

80 **funda:** cubierta con que se envuelve algo, para protegerlo; por eso, aquí, zapato o chinela. 81 **dar de mano:** empujar. 82 **huraño:** que huye de la gente. 83 **Lope:** Lope de Vega (1562–1635), el más famoso dramaturgo del Siglo de Oro. "Ser de Lope" se decía como ponderación de la bondad de una cosa, en este caso la glosa del Soldado. Es probable, sin embargo, que el elogio sea irónico, porque el tema de la glosa es ridículo y el juicio acerca de ella está puesto en boca de un zapatero. 84 **no llevar remedio:** no haber posibilidad. 85 **dulces prendas:** alusión al primer verso ("¡Oh, dulces prendas por mi mal halladas!") del soneto X de Garcilaso de la Vega (1503–1536), el más famoso poeta lírico del Renacimiento español. 86 **de qué pies cojea:** averiguar qué es lo que le pasa a uno. 87 **colegial trilingüe:** El Colegio Trilingüe era parte de la Universidad de Alcalá de Henares, donde se enseñaba griego, hebreo, y otras lenguas orientales, aparte, claro está, de latín.

ZAPATERO

¡Oh, celos, celos, cuán mejor os llamaran duelos, duelos!

Éntrase el ZAPATERO.

SOLDADO

No, sino no seáis guarda, y guarda cuidadosa, y veréis cómo se os entran mosquitos en la cueva donde está el licor de vuestro contento. Pero ¿qué voz es ésta? Sin duda es la de mi Cristina, que se
5 desenfada cantando, cuando barre o friega.

Suenan dentro platos, como que friegan, y cantan:

Sacristán de mi vida,
tenme por tuya,
y fiado en mi fe,
canta *alleluia.*

SOLDADO

10 ¡Oídos que tal oyen! Sin duda el sacristán debe de ser el brinco[88] de su alma. ¡Oh platera[89] la más limpia que tiene, tuvo o tendrá el calendario[90] de las fregonas! ¿Por qué, así como limpias esa loza[91] talaveril[92] que traes entre las manos, y la vuelves en bruñida[93] y tersa[94] plata, no limpias esa alma de pensamientos bajos y sota-sacristaniles?

Entra el AMO *de* Cristina.

AMO

15 Galán, ¿qué quiere o qué busca a esta puerta?

---

88 **brinco:** aquí, joya. 89 **platera:** juego de palabras basado en *plata-plato*; el primero se refiere a *brinco,* el segundo a *fregona.* 90 **Calendario:** usado aquí en el sentido de lista completa. 91 **loza:** conjunto de platos, tazas, etc. 92 **talaveril:** adjetivo humorístico de Talavera de la Reina, ciudad en la provincia de Toledo, donde todavía se fabrica la más famosa loza de España. 93 **bruñido:** que tiene brillo. 94 **terso:** limpio, bruñido.

SOLDADO

Quiero más de lo que sería bueno, y busco lo que no hallo; pero ¿quién es vuesa merced, que me lo pregunta?

AMO

Soy el dueño desta casa.

SOLDADO

¿El amo de Cristinica?

AMO

El mismo. 5

SOLDADO

Pues lléguese vuesa merced a esta parte, y tome este envoltorio[95] de papeles; y advierta que ahí dentro van las informaciones[96] de mis servicios, con veinte y dos fees[97] de veinte y dos generales, debajo de cuyos estandartes[98] he servido, amén de otras treinta y cuatro de otros tantos maestres de campo,[99] que se han dignado de honrarme con 10 ellas.

AMO

¡Pues no ha habido, a lo que yo alcanzo, tantos generales ni maestres de campo de infantería española de cien años a esta parte!

SOLDADO

Vuesa merced es hombre pacífico, y no está obligado a entendérsele mucho de las cosas de la guerra; pase los ojos por esos papeles, 15 y verá en ellos, unos sobre otros, todos los generales y maestres de campo que he dicho.

---

[95] **envoltorio:** lío. [96] **información:** prueba documental. [97] **fee:** fe, testimonio escrito y firmado. [98] **estandarte:** bandera. [99] **maestre de campo:** oficial superior en el ejército.

AMO

Yo los doy por pasados y vistos; pero, ¿de qué sirve darme cuenta desto?

SOLDADO

De que hallará vuesa merced por ellos ser posible ser verdad una que agora diré, y es que estoy consultado[100] en uno de tres castillos
5 y plazas que están vacas en el reino de Nápoles; conviene a saber: Gaeta, Barleta y Rijobes.[101]

AMO

Hasta agora ninguna cosa me importa a mí estas relaciones que vuesa merced me da.

SOLDADO

Pues yo sé que le han de importar, siendo Dios servido.[102]

AMO

10 ¿En qué manera?

SOLDADO

En que, por fuerza, si no se cae el cielo, tengo de salir proveído[103] en una destas plazas, y quiero casarme agora con Cristinica; y siendo yo su marido, puede vuesa merced hacer de mi persona y de mi mucha hacienda como cosa propria;[104] que no tengo de mostrarme
15 desagradecido a la crianza que vuesa merced ha hecho a mi querida y amada consorte.

AMO

Vuesa merced lo ha de los cascos[105] más que de otra parte.

---

100 **estar consultado:** estar propuesto por el Consejo Real. 101 **Gaeta, Barleta, Rijobes:** ciudades del Reino de Nápoles, que era parte del imperio español. **Rijobes** es errata por *Rijoles,* forma española de *Reggio.* 102 **ser Dios servido:** con el favor de Dios. 103 **salir proveído:** obtener el puesto. 104 **propria:** propia. 105 **haberlo de los cascos:** estar loco.

SOLDADO

Pues ¿sabe cuánto le va, señor dulce?[106] Que me la ha de entregar luego, luego,[107] o no ha de atravesar los umbrales de su casa.

AMO

¡Hay tal disparate! ¿Y quién ha de ser bastante para quitarme que no entre en mi casa?

Vuelve el SOTA-SACRISTAN PASILLAS, *armado con un tapador de tinaja*[108] *y una espada muy mohosa;*[109] *viene con él* OTRO SACRISTÁN GRAJALES, *con un morrión*[110] *y una vara o palo, atado a él un rabo de zorra.*[111]

SACRISTÁN

¡Ea, amigo Grajales, que éste es el turbador de mi sosiego! 5

GRAJALES

No me pesa sino que traigo las armas endebles[112] y algo tiernas; que ya le hubiera despachado al otro mundo a toda diligencia.

AMO

Ténganse, gentiles hombres; ¿qué desmán[113] y qué asesinamiento[114] es éste?

SOLDADO

Ladrones, ¿a traición y en cuadrilla? Sacristanes falsos, voto a 10 tal[115] que os tengo que horadar,[116] aunque tengáis más órdenes[117] que un Ceremonial.[118] Cobarde, ¿a mí con rabo de zorra? ¿Es notarme de

---

106 **dulce:** complaciente. 107 **luego, luego:** inmediatamente. 108 **tapador de tinaja:** cubierta para una vasija grande de barro. 109 **mohoso:** *rusty*. 110 **morrión:** casco. 111 **rabo de zorra:** se usaba para quitar el polvo a los muebles. 112 **endeble:** débil. 113 **desmán:** desorden. 114 **asesinamiento:** asesinato. 115 **voto a tal:** eufemismo por voto a Dios. 116 **horadar:** perforar. 117 **órdenes:** las religiosas. 118 **Ceremonial:** libro donde se escriben las ceremonias que se deben observar en diversas ocasiones.

borracho,[119] o piensas que estás quitando el polvo a alguna imagen de bulto?[120]

GRAJALES

No pienso sino que estoy ojeando los mosquitos de una tinaja de vino.

A la ventana CRISTINA *y su* AMA.

CRISTINA

5 ¡Señora, señora, que matan a mi señor! Más de dos mil espadas están sobre él, que relumbran,[121] que me quitan la vista.

AMA

Dices verdad, hija mía; Dios sea con él; santa Úrsola,[122] con las once mil vírgines,[123] sea en su guarda. Ven, Cristina, y bajemos a socorrerle como mejor pudiéremos.

AMO

10 Por vida de vuesas mercedes, caballeros, que se tengan, y miren que no es bien usar de supercheria[124] con nadie.

SOLDADO

Tente, rabo, y tente, tapadorcillo; no acabéis de despertar mi cólera, que, si la acabo de despertar, os mataré, y os comeré, y os arrojaré por la puerta falsa[125] dos leguas más allá del infierno.

AMO

15 Ténganse, digo; si no, por Dios que me descomponga[126] de modo que pese a alguno.

---

119 **borracho:** El Soldado se siente ofendido porque *zorra* significa también "borrachera". 120 **imagen de bulto:** estatua. 121 **relumbrar:** relucir. 122 **Ursola:** Ursula. 123 **vírgin:** virgen. 124 **superchería:** engaño. 125 **puerta falsa:** la puerta de atrás de las casas, en consecuencia, culo (*arse*). 126 **descomponerse:** perder la compostura.

SOLDADO

Por mí, tenido soy;[127] que te tengo respeto, por la imagen[128] que tienes en tu casa.

SACRISTÁN

Pues, aunque esa imagen haga milagros, no os ha de valer esta vez.

SOLDADO

¿Han visto la desvergüenza deste bellaco, que me viene a hacer cocos[129] con un rabo de zorra, no habiéndome espantado ni atemorizado tiros[130] mayores que el de Dio, que está en Lisboa? 5

Entran CRISTINA *y su* AMA.

AMA

¡Ay, marido mío! ¿Estáis, por desgracia, herido, bien de mi alma?

CRISTINA

¡Ay desdichada de mí! Por el siglo[131] de mi padre, que son los de la pendencia mi sacristán y mi soldado. 10

SOLDADO

Aun bien que voy a la parte[132] con el sacristán; que también dijo: "mi soldado".

AMO

No estoy herido, señora, pero sabed que toda esta pendencia es por Cristinica. 15

---

127 **tenido soy:** Nótese que ésta es una forma humorística de decir "me detengo", o "me tengo". 128 **imagen:** Cristinica, objeto de la devoción del Soldado. 129 **hacer cocos:** asustar. 130 **tiro:** aquí, cañón. 131 **por el siglo:** por la vida, forma común de juramento. 132 **ir a la parte:** tener la misma importancia.

AMA

¿Cómo por Cristinica?

AMO

A lo que yo entiendo, estos galanes andan celosos por ella.

AMA

Y ¿es esto verdad, muchacha?

CRISTINA

Sí, señora.

AMA

5 ¡Mirad con qué poca vergüenza lo dice! Y ¿hate deshonrado[133] alguno dellos?

CRISTINA

Sí, señora.

AMA

¿Cuál?

CRISTINA

El sacristán me deshonró el otro día, cuando fuí al Rastro.[134]

AMA

10 ¿Cuántas veces os he dicho yo, señor, que no saliese esta muchacha fuera de casa, que ya era grande, y no convenía apartarla de nuestra vista? ¿Qué dirá ahora su padre, que nos la entregó limpia de polvo y de paja?[135] Y ¿dónde te llevó, traidora, para deshonrarte?

---

133 **deshonrar:** tiene dos sentidos: "insultar" y "forzar a una mujer". 134 **El Rastro:** era el matadero (*slaughter-house*) de Madrid, y dio nombre a un barrio muy popular. 135 **limpia de polvo y de paja:** En sentido literal se dice de las ganancias, una vez que se han descontado los gastos, pero la Señora se refiere a que Cristinica no ha andado acostándose por el suelo con ningún hombre.

CRISTINA

A ninguna parte, sino allí en mitad de la calle.

AMO

¿Cómo en mitad de la calle?

CRISTINA

Allí, en mitad de la calle de Toledo, a vista de Dios y de todo el mundo, me llamó de sucia y de deshonesta, de poca vergüenza y menos miramiento,[136] y otros muchos baldones[137] deste jaez; y todo 5
por estar celoso de aquel soldado.

AMO

Luego ¿no ha pasado otra cosa entre ti ni él, sino esa deshonra que en la calle te hizo?

CRISTINA

No por cierto, porque luego se le pasa la cólera.

AMA

El alma se me ha vuelto al cuerpo,[138] que le tenía ya casi desampa- 10
rado.

CRISTINA

Y más, que todo cuanto me dijo fue confiado en esta cédula[139] que me ha dado de ser mi esposo, que la tengo guardada como oro en paño.[140]

AMO

Muestra, veamos. 15

---

136 **miramiento:** respeto. 137 **baldón:** injuria. 138 **volvérsele a uno el alma al cuerpo:** tranquilizarse, calmarse. 139 **cédula:** documento público; las cédulas de matrimonio eran promesas escritas de casamiento. 140 **guardar como oro en paño:** expresión proverbial que quiere decir guardar con muchísimo cuidado.

AMA

Leedla alto, marido.

AMO

Así dice: "*Digo yo, Lorenzo Pasillas, sota-sacristán desta parroquia, que quiero bien, y muy bien, a la señora Cristina de Parrazes; y en fee desta verdad, le di ésta, firmada de mi nombre, fecha en Madrid, en el cimenterio*[141]
5 *de San Andrés,*[142] *a seis de Mayo deste presente año de mil y seiscientos y once. Testigos: mi corazón, mi entendimiento, mi voluntad y mi memoria.*[143]— LORENZO PASILLAS." ¡Gentil manera de cédula de matrimonio!

SACRISTÁN

Debajo de decir que la quiero bien, se incluye todo aquello que ella quisiere que yo haga por ella, porque quien da la voluntad, lo
10 da todo.

AMO

Luego, si ella quisiese, ¿bien os casaríades[144] con ella?

SACRISTÁN

De bonísima gana, aunque perdiese la expectativa de tres mil maravedís de renta, que ha de fundar agora sobre mi cabeza[145] una agüela[146] mía, según me han escrito de mi tierra.

SOLDADO

15 Si voluntades se toman en cuenta, treinta y nueve días hace hoy que al entrar de la Puente Segoviana, di yo a Cristina la mía, con

---

141 **cimenterio:** cementerio. 142 **San Andrés:** parroquia de Madrid. 143 **entendimiento, voluntad, memoria:** constituían lo que se llamaban las tres potencias del alma, como dirá el Soldado más abajo. 144 **casaríades:** forma antigua de *casaríais.* 145 **fundar sobre mi cabeza:** lo que fundaría la abuela sería una capellanía (*chaplaincy*), en alguna iglesia, para que Lorenzo Pasillas cobrase la renta como capellán. Pero para ser capellán tendría Pasillas que hacerse sacerdote, y tomar, entre otros, el voto de castidad. 146 **agüela:** vulgarismo común aun hoy por *abuela.*

todos los anejos[147] a mis tres potencias;[148] y, si ella quisiere ser mi esposa, algo irá a decir de ser castellano[149] de un famoso castillo, a un sacristán no entero, sino medio, y aun de la mitad le debe de faltar algo.

AMO

¿Tienes deseo de casarte, Cristinica? 5

CRISTINA

Sí tengo.

AMO

Pues escoge, destos dos que se te ofrecen, el que más te agradare.

CRISTINA

Tengo vergüenza.

AMA

No la tengas, porque el comer y el casar ha de ser a gusto proprio, y no a voluntad ajena. 10

CRISTINA

Vuesas mercedes, que me han criado, me darán marido como me convenga; aunque todavía quisiera escoger.

SOLDADO

Niña, échame el ojo;[150] mira mi garbo; soldado soy, castellano pienso ser; brío tengo de corazón; soy el más galán hombre del mundo; y, por el hilo deste vestidillo, podrás sacar el ovillo de mi 15 gentileza.[151]

---

147 **anejo:** anexo, lo que está unido a otra cosa. 148 **tres potencias:** También el Soldado ha rendido a Cristinica su entendimiento, voluntad y memoria. 149 **algo irá a decir de ser castellano:** Nótese que la expresión quiere decir "alguna diferencia habrá entre decir ser castellano (señor de un castillo) y decir ser sacristán". 150 **echar el ojo:** mirar. 151 **por el hilo . . . gentileza:** alusión al refrán "por el hilo se saca el ovillo" (*skein*), con el que se expresa la idea de que por la muestra o principio de una cosa se conoce lo demás de ella.

SACRISTÁN

Cristina, yo soy músico, aunque de campanas; para adornar una tumba y colgar una iglesia[152] para fiestas solenes, ningún sacristán me puede llevar ventaja; y estos oficios bien los puedo ejercitar casado, y ganar de comer como un príncipe.

AMO

5 Ahora bien, muchacha: escoge de los dos el que te agrada; que yo gusto dello, y con esto pondrás paz entre dos tan fuertes competidores.

SOLDADO

Yo me allano.

SACRISTÁN

Y yo me rindo.

CRISTINA

10 Pues escojo al sacristán.

Han entrado los músicos.

AMO

Pues llamen esos oficiales de mi vecino el barbero, para que con sus guitarras y voces nos entremos a celebrar el desposorio,[153] cantando y bailando; y el señor soldado será mi convidado.

SOLDADO

Acepto:

Que donde hay fuerza de hecho,[154]
15 *Se pierde cualquier derecho.*

---

152 **colgar una iglesia:** colgar los adornos en una iglesia. 153 **desposorio:** promesa mutua de casarse. 154 **de hecho:** efectivamente.

MÚSICO

Pues hemos llegado a tiempo, éste será el estribillo[155] de nuestra letra.[156]

Cantan el estribillo.

SOLDADO

Siempre escogen las mujeres
Aquello que vale menos,
Porque excede su mal gusto 5
A cualquier merecimiento.
Ya no se estima el valor,
Porque se estima el dinero,
Pues un sacristán prefieren
A un roto soldado lego;[157] 10
Mas no es mucho, que ¿quién vio
Que fue su voto tan necio,
Que a sagrado se acogiese,[158]
Que es de delincuentes puerto?
Que adonde hay fuerza, etc. 15

SACRISTÁN

Como es proprio de un soldado
Que es sólo en los años viejo,
Y se halla sin un cuarto
Porque ha dejado su tercio,[159]
Imaginar que ser puede 20
Pretendiente de Gaiferos,[160]
Conquistando por lo bravo

155 **estribillo:** versos que se repiten en una canción. 156 **letra:** canción. 157 **lego:** el que no es religioso, pero también el que no tiene educación. 158 **acogerse a sagrado:** Los criminales tenían derecho a refugiarse en las iglesias. 159 **cuarto . . . tercio:** juego de palabras basado en los dos sentidos de *cuarto* (moneda, cuarta parte de algo), y *tercio* (la tercera parte de algo, un regimiento militar). 160 **pretendiente de Gaiferos:** que pretende ser como Gaiferos, personaje de los romances carolingios, que libertó a su esposa de la prisión en que estaba entre moros. Por cierto que su historia se narra y representa en el retablo de Maese Pedro (*Quijote,* II, caps. XXV-XXVII).

Lo que yo por manso[161] adquiero,
No me afrentan tus razones,
Pues has perdido en el juego;
Que siempre un picado[162] tiene
5 Licencia para hacer fiero.[163]
Que adonde, etc.

Éntranse cantando y bailando.

PREGUNTAS

1. Compare y contraste las personalidades del soldado y del sacristán.
2. ¿Cuál es el motivo de la disputa entre los dos, y cómo se expresa?
3. ¿Cómo es el carácter de Cristina?
4. ¿Qué le ofrecen, respectivamente, el soldado y el sacristán a Cristinica a cambio de su amor?
5. ¿Cómo se explica el título de la obra?
6. ¿Qué era y qué hacía un santero?
7. ¿Qué quería decir la expresión "ser de Lope", y cómo se explica?
8. ¿Por qué cree Vd. que Cristinica escoge al sacristán?
9. ¿Es cierto que las letras son superiores a las armas?
10. ¿Qué se insinúa en las dos canciones con que termina esta obra?

---

161 **manso:** Además de su sentido literal, también se llamaba "manso" al marido que permitía y fomentaba el adulterio de su mujer. 162 **picado:** alguien muy aficionado al juego. 163 **hacer fiero:** amenazar.

V

EL VIZCAINO FINGIDO

Entran SOLÓRZANO *y* QUIÑONES.

SOLÓRZANO

Estas son las bolsas, y a lo que parecen, son bien parecidas, y las cadenas que van dentro, ni más ni menos; no hay sino que vos acudáis[1] con mi intento; que a pesar de la taimería[2] desta sevillana, ha de quedar esta vez burlada.

QUIÑONES

¿Tanta honra se adquiere, o tanta habilidad se muestra en engañar a una mujer, que lo tomáis con tanto ahinco, y ponéis tanta solicitud en ello? 5

SOLÓRZANO

Cuando las mujeres son como éstas, es gusto el burlallas; cuanto más,[3] que esta burla no ha de pasar de los tejados arriba; quiero decir, que ni ha de ser con ofensa de Dios ni con daño de la burlada; 10
que no son burlas las que redundan[4] en desprecio ajeno.

---

1 **acudir:** colaborar. 2 **taimería:** malicia. 3 **cuanto más:** *all the more so.* 4 **redundar:** resultar.

QUIÑONES

Alto; pues vos lo queréis, sea así; digo que yo os ayudaré en todo cuanto me habéis dicho, y sabré fingir tan bien como vos, que no lo puedo más encarecer. ¿Adónde vais agora?

SOLÓRZANO

Derecho en casa de la ninfa, y vos, no salgáis de casa; que yo os
5 llamaré a su tiempo.

QUIÑONES

Allí estaré clavado, esperando.

Éntranse los dos. Salen DOÑA CRISTINA *y* DOÑA BRÍGIDA: *Cristina sin manto,*[5] *y Brígida con él, toda asustada y turbada.*

DOÑA CRISTINA

¡Jesús! ¿Qué es lo que traes, amiga doña Brígida, que parece que quieres dar el alma a su Hacedor?

DOÑA BRÍGIDA

Doña Cristina, amiga, hazme aire, rocíame con un poco de agua
10 este rostro, que me muero, que me fino,[6] que se me arranca el alma. ¡Dios sea conmigo; confesión a toda priesa![7]

DOÑA CRISTINA

¿Qué es esto? ¡Desdichada de mí! ¿No me dirás, amiga, lo que te ha sucedido? ¿Has visto alguna mala visión? ¿Hante dado alguna mala nueva de que es muerta tu madre, o de que viene tu marido, o
15 hante robado tus joyas?

DOÑA BRÍGIDA

Ni he visto visión alguna, ni se ha muerto mi madre, ni viene

---

5 **sin manto:** En el Siglo de Oro la mujer española usaba el manto, que le cubría hasta la cara, siempre que tenía que salir a la calle. 6 **finar:** morir. 7 **priesa:** prisa.

mi marido, que aun le faltan tres meses para acabar el negocio donde fue, ni me han robado mis joyas; pero hame sucedido otra cosa peor.

DOÑA CRISTINA

Acaba, dímela, doña Brígida mía; que me tienes turbada y suspensa hasta saberla. 5

DOÑA BRÍGIDA

¡Ay, querida! Que también te toca a ti parte deste mal suceso. Límpiame este rostro, que él y todo el cuerpo tengo bañado en sudor más frío que la nieve. ¡Desdichadas de aquellas que andan en la vida libre, que si quieren tener algún poquito de autoridad, granjeada[8] de aquí o de allí, se la dejarretan[9] y se la quitan al me- 10 jor tiempo!

DOÑA CRISTINA

Acaba, por tu vida, amiga, y dime lo que te ha sucedido, y qué es la desgracia de quien yo también tengo de tener parte.

DOÑA BRÍGIDA

Y ¡cómo si tendrás parte! Y mucha, si eres discreta, como lo eres. Has de saber, hermana, que viniendo agora a verte, al pasar por 15 la puerta de Guadalajara, oí que, en medio de infinita justicia[10] y gente, estaba un pregonero,[11] pregonando que quitaban los coches,[12] y que las mujeres descubriesen los rostros[13] por las calles.

DOÑA CRISTINA

Y ¿ésa es la mala nueva?

---

[8] **granjear:** conseguir. [9] **dejarretar:** en sentido literal, cortar la pierna por el jarrete; aquí, privar. [10] **justicia:** oficiales de la justicia. [11] **pregonero:** *town crier*. [12] **quitar los coches:** prohibir los coches. Esto ocurrió, efectivamente, el 3 de enero de 1611. [13] **descubrir los rostros:** En la calle, y con el cuello del manto, las mujeres se cubrían el rostro en forma muy parecida a lo que hacen las moras. Se las llamaba "tapadas", y se prohibieron en 1586 y en 1610.

DOÑA BRÍGIDA

Pues para nosotras, ¿puede ser peor en el mundo?

DOÑA CRISTINA

Yo creo, hermana, que debe de ser alguna reformación[14] de los coches: que no es posible que los quiten de todo punto;[15] y será cosa muy acertada, porque, según he oído decir, andaba muy decaída la
5 caballería en España, porque se empanaban[16] diez o doce caballeros mozos en un coche, y azotaban las calles de noche y de día, sin acordárseles que había caballos y jineta[17] en el mundo; y como les falte la comodidad de las galeras de la tierra, que son los coches, volverán al ejercicio de la caballería, con quien sus antepasados se
10 honraron.

DOÑA BRÍGIDA

¡Ay, Cristina de mi alma! Que también oí decir que aunque dejan algunos, es con condición que no se presten, ni que en ellos ande ninguna . . . ya me entiendes.

DOÑA CRISTINA

Ese mal nos hagan:[18] porque has de saber, hermana, que está en
15 opinión, entre los que siguen la guerra, cuál es mejor, la caballería o la infantería, y hase averiguado que la infantería española lleva la gala a todas las naciones; y agora podremos las alegres mostrar a pie nuestra gallardía, nuestro garbo y nuestra bizarría, y más yendo descubiertos los rostros, quitando la ocasión de que ninguno se llame
20 a engaño si nos sirviese, pues nos ha visto.

DOÑA BRÍGIDA

¡Ay, Cristina! No me digas eso, que linda cosa era ir sentada en la

---

14 **reformación:** nueva regulación. 15 **de todo punto:** por completo. 16 **empanarse:** ponerse muy apretados, como la carne en una empanada (*meat pie*). 17 **jineta:** forma de montar a caballo típica de los caballeros españoles. Estas eran, en efecto, algunas de las acusaciones que se hacían contra el uso de coches. 18 **hacer ese mal:** frase que expresa indiferencia ante las desgracias de los demás.

popa[19] de un coche, llenándola de parte a parte, dando rostro a quien y como y cuando quería. Y en Dios y en mi ánima[20] te digo, que cuando alguna vez me le prestaban, y me vía[21] sentada en él con aquella autoridad, que me desvanecía[22] tanto, que creía bien y verdaderamente que era mujer principal, y que más de cuatro seño- 5 ras de título[23] pudieran ser mis criadas.

DOÑA CRISTINA

¿Veis, doña Brígida, cómo tengo yo razón en decir que ha sido bien quitar los coches, siquiera por quitarnos a nosotras el pecado de la vanagloria? Y más, que no era bien que un coche igualase a las no tales con las tales;[24] pues, viendo los ojos extranjeros a una 10 persona en un coche, pomposa por galas, reluciente por joyas, echaría a perder la cortesía, haciéndosela a ella como si fuera a una principal señora; así que, amiga, no debes acongojarte,[25] sino acomoda tu brío y tu limpieza, y tu manto de soplillo[26] sevillano, y tus nuevos chapines,[27] en todo caso, con las virillas[28] de plata, y déjate 15 ir por esas calles; que yo te aseguro que no falten moscas a tan buena miel, si quisieres dejar que a ti se lleguen; que engaño en más va que en besarla durmiendo.[29]

DOÑA BRÍGIDA

Dios te lo pague, amiga, que me has consolado con tus advertimientos[30] y consejos; y en verdad que los pienso poner en práctica, 20 y pulirme y repulirme, y dar el rostro[31] a pie, y pisar el polvico a tan

---

19 **popa:** la parte posterior de los coches. 20 **en Dios y en mi ánima:** fórmula de juramento. 21 **vía:** forma antigua por *veía*. 22 **desvanecerse:** tener vanidad. 23 **señora de título:** con algún título de nobleza. 24 **las no tales . . . tales:** o sea, las señoras que no tenían títulos de nobleza con las que sí los tenían. También se puede entender la frase como refiriéndose a las mujeres decentes y a las que no lo eran. 25 **acongojarse:** afligirse. 26 **soplillo:** tela como gasa. 27 **chapín:** calzado femenino con suela muy gruesa de corcho. 28 **virilla:** tira con que se sujetaba la suela de los chapines. 29 **engaño en más va que en besarla durmiendo:** frase de sentido oscuro. "Besarla dormida" se usa todavía para expresar la idea de un engaño que no produce satisfacción ni provecho alguno al engañador. 30 **advertimiento:** advertencia. 31 **dar el rostro:** juego de palabras entre el sentido literal de la frase (enfrentarse con alguien), y el sentido figurado (afrontar las consecuencias de las acciones propias).

menudico,[32] pues no tengo quien me corte la cabeza, que este que piensan que es mi marido, no lo es, aunque me ha dado la palabra de serlo.

DOÑA CRISTINA

¡Jesús! ¿Tan a la sorda[33] y sin llamar se entra en mi casa? Señor,
5 ¿qué es lo que vuestra merced manda?

Entra SOLÓRZANO

SOLÓRZANO

Vuestra merced perdone el atrevimiento, que la ocasión hace al ladrón:[34] hallé la puerta abierta, y entréme, dándome ánimo al entrarme, venir a servir a vuestra merced, y no con palabras, sino con obras; y si es que puedo hablar delante desta señora, diré a lo que
10 vengo, y la intención que traigo.

DOÑA CRISTINA

De la buena presencia de vuestra merced, no se puede esperar sino que han de ser buenas sus palabras y sus obras. Diga vuestra merced lo que quisiere; que la señora doña Brígida es tan mi amiga, que es otra yo misma.

SOLÓRZANO

15 Con ese seguro y con esa licencia, hablaré con verdad; y con verdad, señora, soy un cortesano a quien vuestra merced no conoce.

DOÑA CRISTINA

Así es la verdad.

SOLÓRZANO

Y ha muchos días que deseo servir a vuestra merced, obligado a

---

[32] **pisar el polvico a tan menudico:** alusión a la canción y el baile que ya aparecieron en *La elección de los alcaldes de Daganzo.* [33] **a la sorda:** silenciosamente. [34] **la ocasión hace al ladrón:** refrán que expresa la idea de que la oportunidad excusa las acciones.

ello de su hermosura, buenas partes[35] y mejor término;[36] pero estrechezas,[37] que no faltan, han sido freno a las obras hasta agora, que la suerte ha querido que de Vizcaya me enviase un grande amigo mío a un hijo suyo, vizcaíno, muy galán,[38] para que yo le lleve a Salamanca[39] y le ponga de mi mano en compañía[40] que le honre y le enseñe. 5 Porque, para decir la verdad a vuestra merced, él es un poco burro,[41] y tiene algo de mentecapto;[42] y añádesele a esto una tacha, que es lástima decirla, cuanto más tenerla, y es que se toma[43] algún tanto, un si es no es,[44] del vino; pero no de manera que de todo en todo pierda el juicio, puesto que se le turba; y, cuando está asomado,[45] 10 y aun casi todo el cuerpo fuera de la ventana,[46] es cosa maravillosa su alegría y su liberalidad: da todo cuanto tiene a quien se lo pide y a quien no se lo pide; y yo querría que, ya que el diablo se ha de llevar cuanto tiene, aprovecharme de alguna cosa, y no he hallado mejor medio que traerle a casa de vuestra merced, porque es muy amigo de 15 damas, y aquí le desollaremos[47] cerrado[48] como a gato; y para principio traigo aquí a vuestra merced esta cadena en este bolsillo, que pesa ciento y veinte escudos de oro, la cual tomará vuestra merced y me dará diez escudos agora, que yo he menester para ciertas cosillas, y gastará otros veinte en una cena esta noche, que vendrá acá nuestro 20 burro o nuestro búfalo, que le llevo yo por el naso,[49] como dicen, y a dos idas y venidas,[50] se quedará vuestra merced con toda la cadena, que yo no quiero más de los diez escudos de ahora. La cadena es bonísima, y de muy buen oro, y vale algo de hechura: hela aquí,[51] vuestra merced la tome. 25

DOÑA CRISTINA

Beso a vuestra merced las manos por la que me ha hecho en

---

35 **buenas partes:** buen natural. 36 **término:** compostura. 37 **estrecheza:** pobreza. 38 **muy galán:** muy amigo de mujeres. 39 **Salamanca:** ciudad al noroeste de Madrid, famosa por su universidad; o sea que se supone que Solórzano lleva al vizcaíno fingido a estudiar. 40 **compañía:** con otros estudiantes de su clase. 41 **burro:** necio. 42 **mentecapto:** mentecato. 43 **tomarse:** embriagarse. 44 **un sí es no es:** muy poco. 45 **asomado:** un poco borracho. 46 **aun casi todo el cuerpo fuera de la ventana:** juego de palabras con el otro sentido de *asomarse,* comenzar a mostrarse. O sea que el vizcaíno fingido estaría borracho del todo. 47 **desollar:** aquí, quitar el dinero. 48 **cerrado:** encerrado, en secreto. 49 **naso:** nariz. 50 **a dos idas y venidas:** en muy breve tiempo. 51 **hela aquí:** aquí está.

acordarse de mí en tan provechosa ocasión; pero si he de decir lo que siento, tanta liberalidad me tiene algo confusa y algún tanto sospechosa.

SOLÓRZANO

Pues ¿de qué es la sospecha, señora mía?

DOÑA CRISTINA

5 De que podrá ser esta cadena de alquimia, que se suele decir que no es oro todo lo que reluce.[52]

SOLÓRZANO

Vuestra merced habla discretísimamente; y no en balde tiene vuestra merced fama de la más discreta dama de la corte, y hame dado mucho gusto el ver cuán sin melindres ni rodeos me ha descubierto
10 su corazón; pero para todo hay remedio, si no es para la muerte. Vuestra merced se cubra su manto,[53] o envíe si tiene de quién fiarse, y vaya a la Platería,[54] y en el contraste[55] se pese y toque[56] esa cadena, y cuando fuera fina, y de la bondad que yo he dicho, entonces vuestra merced me dará los diez escudos, harále una regalaría[57] al
15 borrico, y se quedará con ella.

DOÑA CRISTINA

Aquí pared y medio[58] tengo yo un platero mi conocido,[59] que con facilidad me sacará de duda.

SOLÓRZANO

Eso es lo que yo quiero, y lo que amo y lo que estimo, que las cosas claras Dios las bendijo.

---

52 **no es oro todo lo que reluce:** refrán que aquí tiene aplicación literal. 53 Cubrirse la mujer con el manto era preliminar para salir a la calle. 54 **Platería:** trozo de la calle Mayor donde estaban las tiendas de los plateros (*silversmiths*). 55 **contraste:** lugar donde se examinan los pesos y las medidas. 56 **tocar:** aquí, comprobar si el oro o la plata son buenos. 57 **regalaría:** regalo. 58 **pared y medio:** en la casa inmediatamente vecina. 59 **conocido:** amigo.

DOÑA CRISTINA

Si es que vuestra merced se atreve a fiarme esta cadena, en tanto que me satisfago, de aquí a un poco podrá venir, que yo tendré los diez escudos en oro.

SOLÓRZANO

¡Bueno es eso![60] Fío mi honra de vuestra merced, ¿y no le había de fiar la cadena? Vuestra merced la haga tocar y retocar; que yo me voy, y volveré de aquí a media hora. 5

DOÑA CRISTINA

Y aun antes, si es que mi vecino está en casa.

Éntrase SOLÓRZANO.

DOÑA BRÍGIDA

Esta, Cristina mía, no sólo es ventura, sino venturón llovido.[61] ¡Desdichada de mí! Y ¡qué desgraciada que soy, que nunca topo quien me dé un jarro de agua sin que me cueste mi trabajo primero! 10 Sólo me encontré el otro día en la calle a un poeta, que de bonísima voluntad y con mucha cortesía me dió un soneto de la historia de Píramo y Tisbe,[62] y me ofreció trecientos[63] en mi alabanza.

DOÑA CRISTINA

Mejor fuera que te hubieras encontrado con un ginovés[64] que te diera trecientos reales. 15

DOÑA BRÍGIDA

¡Sí, por cierto; ahí están los ginoveses de manifiesto y para

---

60 **¡bueno es eso!:** aquí, desde luego. 61 **llovido:** inesperado. 62 **Píramo y Tisbe:** legendarios y clásicos amores trágicos, en que Píramo se suicida creyendo muerta a Tisbe, lo que provoca a su vez el suicidio de ella. 63 **trecientos:** trescientos. 64 **ginovés:** genovés, natural de Génova (*Genoa*). Tenían el casi monopolio de los bancos en España, y por lo tanto eran los grandes prestamistas (*moneylenders*).

venirse a la mano, como halcones al señuelo![65] Andan todos malencónicos y tristes con el decreto.[66]

DOÑA CRISTINA

Mira, Brígida, desto quiero que estés cierta: que vale más un ginovés quebrado que cuatro poetas enteros: mas, ¡ay!, el viento
5 corre en popa; mi platero es éste. Y ¿qué quiere mi buen vecino? Que a fe que me ha quitado el manto de los hombros, que ya me le quería cubrir para buscarle.

Entra el PLATERO.

PLATERO

Señora doña Cristina, vuestra merced me ha de hacer una merced, de hacer todas sus fuerzas por llevar mañana a mi mujer a la co-
10 media, que me conviene y me importa quedar mañana en la tarde libre de tener quien me siga y me persiga.

DOÑA CRISTINA

Eso haré yo de muy buena gana; y aun si el señor vecino quiere mi casa y cuanto hay en ella, aquí la hallará sola y desembarazada; que bien sé en qué caen[67] estos negocios.

PLATERO

15 No, señora; entretener a mi mujer me basta. Pero ¿qué quería vuestra merced de mí, que quería ir a buscarme?

DOÑA CRISTINA

No más, sino que me diga el señor vecino qué pesará esta cadena, y si es fina, y de qué quilates.[68]

---

65 **señuelo:** cualquier cosa que sirve para atraer las aves. 66 **decreto:** probablemente se refiere a uno de 1611 por el cual la Hacienda Real dejó de pagar a los prestamistas. Desde la época de Carlos V el estado español vivía de préstamos. 67 **caer:** aquí, terminar. 68 **quilate:** *karat.*

PLATERO

Esta cadena he tenido yo en mis manos muchas veces, y sé que pesa ciento y cincuenta escudos de oro de a veinte y dos quilates; y que si vuestra merced la compra y se la dan sin hechura, no perderá nada en ella.

DOÑA CRISTINA

Alguna hechura me ha de costar, pero no mucha. 5

PLATERO

Mire cómo la concierta[69] la señora vecina que yo le haré dar, cuando se quisiere deshacer[70] della, diez ducados de hechura.

DOÑA CRISTINA

Menos me ha de costar, si yo puedo; pero mire el vecino no se engañe en lo que dice de la fineza del oro y cantidad del peso.

PLATERO

¡Bueno sería[71] que yo me engañase en mi oficio! Digo, señora, que dos veces la he tocado eslabón por eslabón, y la he pesado, y la conozco como a mis manos. 10

DOÑA BRÍGIDA

Con eso nos contentamos.

PLATERO

Y por más señas, sé que la ha llegado a pesar y a tocar un gentil hombre cortesano que se llama Tal[72] de Solórzano. 15

DOÑA CRISTINA

Basta, señor vecino; vaya con Dios, que yo haré lo que me deja mandado; yo la llevaré, y entretendré dos horas más, si fuere

---

69 **concertar:** tratar del precio de una cosa. 70 **deshacerse:** vender o dar algo. 71 **ser bueno:** exclamación que expresa incredulidad. 72 **Tal:** *So-and-So.*

menester; que bien sé que no podrá dañar una hora más de entretenimiento.

PLATERO

Con vuestra merced me entierren,[73] que sabe de todo, y adiós, señora mía.

Éntrase el PLATERO.

DOÑA BRÍGIDA

5 ¿No haríamos con este cortesano Solórzano, que así se debe llamar sin duda, que trujese con el vizcaíno para mí alguna ayuda de costa,[74] aunque fuese de algún borgoñón[75] más borracho que un zaque?[76]

DOÑA CRISTINA

Por decírselo no quedará; pero vesle aquí vuelve: priesa trae;
10 diligente anda; sus diez escudos le aguijan[77] y espolean.[78]

Entra SOLÓRZANO.

SOLÓRZANO

Pues, señora doña Cristina, ¿ha hecho vuestra merced sus diligencias? ¿Está acreditada la cadena?

DOÑA CRISTINA

¿Cómo es el nombre de vuestra merced, por su vida?

SOLÓRZANO

Don Esteban de Solórzano me suelen llamar en mi casa; pero,
15 ¿por qué me lo pregunta vuestra merced?

---

73 **ser enterrado con alguien:** estar de total acuerdo con esa persona. 74 **ayuda de costa:** literalmente, dinero que se da para ayudar a pagar algo; aquí, compañero. 75 **borgoñón:** natural de Borgoña (*Burgundy*). Tenían gran fama de borrachos. 76 **zaque:** bolsa de cuero para vino. 77 **aguijar:** acelerar el paso. 78 **espolear:** dar con la espuela, incitar.

DOÑA CRISTINA

Por acabar de echar el sello a su mucha verdad y cortesía. Entretenga vuestra merced un poco a la señora doña Brígida, en tanto que entro por los diez escudos.

Éntrase CRISTINA.

DOÑA BRÍGIDA

Señor don Solórzano,[79] ¿no tendrá vuestra merced por ahí algún mondadientes para mí? Que en verdad no soy para desechar, y que tengo yo tan buenas entradas y salidas en mi casa como la señora doña Cristina; que a no temer que nos oyera alguna, le dijera yo al señor Solórzano más de cuatro tachas suyas: que sepa que tiene las tetas[80] como dos alforjas vacías, y que no le huele muy bien el aliento, porque se afeita mucho; y con todo eso la buscan, solicitan y quieren; que estoy por arañarme esta cara, más de rabia que de envidia, porque no hay quien me dé la mano, entre tantos que me dan del pie;[81] en fin, la ventura de las feas . . .[82]

SOLÓRZANO

No se desespere vuestra merced, que si yo vivo, otro gallo cantará en su gallinero.[83]

Vuelve a entrar CRISTINA.

DOÑA CRISTINA

He aquí, señor don Esteban, los diez escudos, y la cena se aderezará esta noche como para un príncipe.

---

79 **Señor don Solórzano:** prueba de la mala educación de Brígida; el *don* no se usaba, ni se usa, nunca con el apellido, sólo con el nombre de pila. 80 **teta:** seno. 81 **dar del pie:** dar con el pie. 82 **la ventura de las feas:** parte de un refrán que dice "La ventura de las feas, las bonitas la desean", o bien "La ventura de las feas, la dicha", y que se refiere al hecho que las feas hacen buenas esposas. 83 **gallinero:** lugar donde viven gallos y gallinas.

SOLÓRZANO

Pues nuestro burro está a la puerta de la calle, quiero ir por él; vuestra merced me le acaricie, aunque sea como quien toma una píldora.[84]

Vase SOLÓRZANO.

DOÑA BRÍGIDA

Ya le dije, amiga, que trujese quien me regalase a mí, y dijo que
5 sí haría, andando el tiempo.

DOÑA CRISTINA

Andando el tiempo en nosotras, no hay quien nos regale; amiga, los pocos años traen la mucha ganancia, y los muchos, la mucha pérdida.

DOÑA BRÍGIDA

También le dije cómo vas muy limpia, muy linda, y muy agraciada,
10 y que toda eras ámbar, almizcle y algalia[85] entre algodones.

DOÑA CRISTINA

Ya yo sé, amiga, que tienes muy buenas ausencias.[86]

DOÑA BRÍGIDA

(*Aparte*) Mirad quién tiene amartelados;[87] que vale más la suela de mi botín que las arandelas[88] de su cuello; otra vez vuelvo a decir: la ventura de las feas . . .

Entran QUIÑONES *y* SOLÓRZANO.

---

[84] **píldora:** *pill.* [85] **ámbar, almizcle, algalia:** *amber, musk, civet*; tres perfumes muy preciados. [86] **buena ausencia:** elogio que se hace de una persona ausente. [87] **amartelado:** amante. [88] **arandela:** *collar disk.* Parte de los inmensos cuellos almidonados que se usaban entonces.

QUIÑONES

Vizcaíno,[89] manos bésame vuestra merced, que mándeme.

SOLÓRZANO

Dice el señor vizcaíno, que besa las manos de vuestra merced, y que le mande.

DOÑA BRÍGIDA

¡Ay, que linda lengua! Yo no la entiendo a lo menos, pero paréceme muy linda. 5

DOÑA CRISTINA

Yo beso las del mi señor vizcaíno, y más adelante.[90]

QUIÑONES

Pareces buena, hermosa; también noche esta cenamos; cadena quedas, duermes nunca, basta que doyla.

SOLÓRZANO

Dice mi compañero que vuestra merced le parece buena y hermosa; que se apareje la cena: que él da la cadena, aunque no 10 duerma acá, que basta que una vez la haya dado.

DOÑA BRÍGIDA

¿Hay tal Alejandro[91] en el mundo? ¡Venturón, venturón y cien mil veces venturón!

---

89 **vizcaíno:** lo mismo que vasco. El vascuence (idioma de los vascos) no tiene parecido alguno con el español, ni con ningún otro idioma del mundo. Por eso, los vascos que sólo hablan su propia lengua, de peculiarísima sintaxis, hallan dificultades en aprender a hablar español correctamente. Esto dio origen al tipo cómico del vasco en la literatura del Siglo de Oro. Otro ejemplo se puede ver en el *Quijote,* I, cap. VIII, aventura del escudero vizcaíno. 90 **y más adelante:** y más haría por él. 91 **Alejandro:** Alejandro Magno, prototipo tradicional de generosidad.

SOLÓRZANO

Si hay algún poco de conserva, y algún traguito[92] del devoto[93] para el señor vizcaíno, yo sé que nos valdrá por uno ciento.[94]

DOÑA CRISTINA

Y ¡cómo si lo hay! Y yo entraré por ello, y se lo daré mejor que al Preste Juan de las Indias.[95]

Éntrase CRISTINA.

QUIÑONES

5 Dama que quedaste, tan buena como entraste.

DOÑA BRÍGIDA

¿Qué ha dicho, señor Solórzano?

SOLÓRZANO

Que la dama que se queda, que es vuestra merced, es tan buena como la que se ha entrado.

DOÑA BRÍGIDA

Y ¡cómo que está en lo cierto el señor vizcaíno! A fe que en este 10 parecer que no es nada burro.

QUIÑONES

Burro el diablo; vizcaíno ingenio queréis cuando tenerlo.

DOÑA BRÍGIDA

Ya le entiendo: que dice que el diablo es el burro, y que los vizcaínos, cuando quieren tener ingenio, le tienen.

---

92 **traguito:** diminutivo de trago. 93 **del devoto:** se refiere al vino de San Martín de Valdeiglesias, famoso en la época. 94 **valer por uno ciento:** pagar cien veces por uno. 95 **Preste Juan de las Indias:** personaje legendario de la Edad Media, que se suponía era un riquísimo emperador cristiano en el Oriente.

SOLÓRZANO

Así es, sin faltar un punto.

Vuelve a salir CRISTINA *con un criado o criada, que traen una caja de conserva, una garrafa*[96] *con vino, su cuchillo, y servilleta.*

DOÑA CRISTINA

Bien puede comer el señor vizcaíno, y sin asco: que todo cuanto hay en esta casa es la quinta esencia[97] de la limpieza.

QUIÑONES

Dulce conmigo, vino y agua llamas bueno, santo le muestras, ésta le bebo y otra también. 5

DOÑA BRÍGIDA

¡Ay, Dios, y con qué donaire lo dice el buen señor, aunque no le entiendo!

SOLÓRZANO

Dice que con lo dulce, también bebe vino como agua; y que este vino es de San Martín, y que beberá otra vez.

DOÑA CRISTINA

Y aun otras ciento; su boca puede ser medida.[98] 10

SOLÓRZANO

No le den más, que le hace mal, y ya se le va echando de ver; que le he yo dicho al señor Azcaray que no beba vino en ningún modo, y no aprovecha.

QUIÑONES

Vamos, que vino que subes y bajas, lengua es grillos[99] y corma[100] es pies; tarde vuelvo, señora, Dios que te guárdate. 15

---

96 **garrafa:** vasija ancha y redonda. 97 **quinta esencia:** *quintessence.* 98 **ser la boca la medida:** pedir lo que uno quiera y en la cantidad que quiera. 99 **grillos:** *shackles.* 100 **corma:** especie de grillos.

SOLÓRZANO

¡Miren lo que dice, y verán si tengo yo razón!

DOÑA CRISTINA

¿Qué es lo que ha dicho, señor Solórzano?

SOLÓRZANO

Que el vino es grillo de su lengua y corma de sus pies; que vendrá esta tarde, y que vuestras mercedes se queden con Dios.

DOÑA BRÍGIDA

5 ¡Ay, pecadora de mí, y cómo que se le turban los ojos y se trastraba[101] la lengua! ¡Jesús, que ya va dando traspiés![102] ¡Pues monta que[103] ha bebido mucho! La mayor lástima es ésta que he visto en mi vida; ¡miren qué mocedad y qué borrachera!

SOLÓRZANO

Ya venía él refrendado[104] de casa. Vuestra merced, señora Cristina, 10 haga aderezar la cena, que yo le quiero llevar a dormir el vino, y seremos[105] temprano esta tarde.

Éntranse el vizcaíno y SOLÓRZANO.

DOÑA CRISTINA

Todo estará como de molde; vayan vuestras mercedes en hora buena.

DOÑA BRÍGIDA

Amiga Cristina, muéstrame esa cadena, y déjame dar con ella dos 15 filos al deseo.[106] ¡Ay, qué linda, qué nueva, qué reluciente y qué barata! Digo, Cristina, que, sin saber cómo ni cómo no, llueven los

---

101 **trastrabar:** trabarse la lengua. 102 **traspiés:** acción y efecto de tropezar. 103 **pues monta que:** pues sí que. 104 **refrendado:** borracho. 105 **ser:** Nótese que en español moderno se usaría *estar*. 106 **dar dos filos al deseo:** aguzar el deseo.

bienes sobre ti, y se te entra la ventura por las puertas, sin solicitalla. En efeto,[107] eres venturosa sobre las venturosas; pero todo lo merece tu desenfado, tu limpieza y tu magnífico término: hechizos bastantes a rendir las más descuidadas y esentas[108] voluntades; y no como yo, que no soy para dar migas a un gato.[109] Toma tu cadena, hermana, que estoy para reventar en lágrimas, y no de envidia que a ti te tengo, sino de lástima que me tengo a mí. 5

Vuelve a entrar SOLÓRZANO.

SOLÓRZANO

¡La mayor desgracia nos ha sucedido del mundo!

DOÑA BRÍGIDA

¡Jesús! ¿Desgracia? ¿Y qué es, señor Solórzano?

SOLÓRZANO

A la vuelta desta calle, yendo a la casa, encontramos con un criado del padre de nuestro vizcaíno, el cual trae cartas y nuevas de que su padre queda a punto de expirar, y le manda que al momento se parta, si quiere hallarle vivo. Trae dinero para la partida, que sin duda ha de ser luego. Yo le he tomado diez escudos para vuestra merced, y velos[110] aquí, con los diez que vuestra merced me dió denantes, y vuélvaseme la cadena; que si el padre vive, el hijo volverá a darla, o yo no seré don Esteban de Solórzano. 10 15

DOÑA CRISTINA

En verdad, que a mí me pesa; y no por mi interés, sino por la desgracia del mancebo, que ya le había tomado afición.

DOÑA BRÍGIDA

Buenos son diez escudos ganados tan holgando; tómalos, amiga, y vuelve la cadena al señor Solórzano. 20

---

107 **efeto:** efecto. 108 **esento:** exento, libre. 109 **no ser para dar migas a un gato:** servir para muy poco. 110 **velos:** forma antigua de *vedlos*, de *ver*.

DOÑA CRISTINA

Véla[111] aquí, y venga el dinero; que en verdad que pensaba gastar más de treinta en la cena.

SOLÓRZANO

Señora Cristina, al perro viejo nunca tus tus;[112] estas tretas,[113] con los de las galleruzas,[114] y con este perro a otro hueso.[115]

DOÑA CRISTINA

5 ¿Para qué son tantos refranes, señor Solórzano?

SOLÓRZANO

Para que entienda vuestra merced que la codicia rompe el saco.[116] ¿Tan presto se desconfió de mi palabra, que quiso vuestra merced curarse en salud,[117] y salir al lobo al camino, como la gansa de Cantimpalos?[118] Señora Cristina, señora Cristina, lo bien ganado se
10 pierde, y lo malo, ello y su dueño. Venga mi cadena verdadera, y tómese vuestra merced su falsa, que no ha de haber conmigo transformaciones de Ovidio[119] en tan pequeño espacio. ¡Oh hi de puta,[120] y qué bien que la amoldaron,[121] y qué presto!

---

111 **véla:** forma antigua de *vedla*. 112 **al perro viejo nunca tus tus:** refrán que se aplica cuando una persona sabe mucho de engaños y de trampas. 113 **treta:** artificio ingenioso para conseguir algo. 114 **galleruza:** gorro de paño que usaban los villanos. Lo que dice Solórzano es: "Estos engaños son para los bobos." 115 **con este perro a otro hueso:** el refrán está al revés. Se dice "A otro perro con ese hueso", cuando se rechaza una proposición. En su excitación, Solórzano quizá trastorna el refrán, o bien quizá alude maliciosamente a otra expresión proverbial. "Dar perro muerto" es engañar a alguien, por eso es posible que Solórzano haya querido aludir a esta expresión al poner el refrán al revés: "Con este perro [muerto] a otro hueso". 116 **la codicia rompe el saco:** refrán que alude a los peligros de codiciar mucho. 117 **curarse en salud:** prevenir un peligro. 118 **salir al lobo . . . Cantimpalos:** expresión proverbial con el sentido de prevenir un peligro. En Cantimpalos (pueblo de la provincia de Segovia) vivía una mujer llamada la Gansa que salía al camino que llevaba al lugar vecino, para verse con el cura de allí, llamado Lobo. 119 **transformaciones de Ovidio:** alude al largo poema de Ovidio sobre las metamorfosis mitológicas. 120 **hi de puta:** En vez de ser insultante, esta exclamación era usual para expresar la admiración que por cualquier motivo se sentía por otra persona. 121 **amoldar:** imitar con un molde.

DOÑA CRISTINA

¿Qué dice vuestra merced, señor mío, que no le entiendo?

SOLÓRZANO

Digo que no es ésta la cadena que yo dejé a vuestra merced, aunque le parece; que ésta es de alquimia, y la otra es de oro de a veinte y dos quilates.

DOÑA BRÍGIDA

En mi ánima, que así lo dijo el vecino, que es platero. 5

DOÑA CRISTINA

¿Aun el diablo sería eso?[122]

SOLÓRZANO

El diablo o la diabla, mi cadena venga, y dejémonos de voces, y excúsense juramentos y maldiciones.

DOÑA CRISTINA

El diablo me lleve, lo cual querría que no me llevase, si no es ésa la cadena que vuestra merced me dejó, y que no he tenido otra en 10 mis manos. ¡Justicia de Dios, si tal testimonio se me levantase![123]

SOLÓRZANO

Que no hay para qué dar gritos, y más estando ahí el señor Corregidor,[124] que guarda su derecho a cada uno.

DOÑA CRISTINA

Si a las manos del Corregidor llega este negocio, yo me doy por condenada; que tiene de mí tan mal concepto, que ha de tener mi 15 verdad por mentira, y mi virtud por vicio. Señor mío, si yo he tenido otra cadena en mis manos, sino aquesta, de cáncer las vea yo comidas.

---

122 **¿Aun el diablo sería eso?:** ¿Sería eso cosa del diablo? 123 **levantar testimonio (a alguien):** acusarle falsamente. 124 **corregidor:** el representante directo del rey en ciertos ayuntamientos.

Entra un ALGUACIL.

ALGUACIL

¿Qué voces son estas, qué gritos, qué lágrimas y qué maldiciones?

SOLÓRZANO

Vuestra merced, señor alguacil, ha venido aquí como de molde. A esta señora del rumbo[125] sevillano le empeñé una cadena, habrá una hora, en diez ducados, para cierto efecto; vuelvo agora a 5 desempeñarla, y en lugar de una que le di, que pesaba ciento y cincuenta ducados de oro de veinte y dos quilates, me vuelve ésta de alquimia, que no vale dos ducados; y quiere poner mi justicia a la venta de la Zarza,[126] a voces y a gritos, sabiendo que será testigo desta verdad esta misma señora, ante quien ha pasado todo.

DOÑA BRÍGIDA

10 Y ¡cómo si ha pasado!,[127] y aun repasado; y en Dios y en mi ánima, que estoy por decir que este señor tiene razón; aunque no puedo imaginar dónde se pueda haber hecho el trueco, porque la cadena no ha salido de aquesta sala.

SOLÓRZANO

La merced que el señor alguacil me ha de hacer es llevar a la 15 señora al Corregidor; que allá nos averiguaremos.[128]

DOÑA CRISTINA

Otra vez torno a decir que si ante el Corregidor me lleva, me doy por condenada.

---

125 **señora del rumbo:** mujer de mala vida. 126 **a la venta de la Zarza:** donde todo eran voces y gritos, como explica Cervantes. O sea que Doña Cristina quiere, con sus voces y sus gritos, hacer olvidar la justicia de Solórzano. 127 **¡cómo si ha pasado!:** ¡desde luego que ha pasado! 128 **averiguarse (uno a otro):** averiguar la verdad.

DOÑA BRÍGIDA

Sí, porque no estoy bien con sus huesos.[129]

DOÑA CRISTINA

Desta vez me ahorco. Desta vez me desespero.[130] Desta vez me chupan brujas.[131]

SOLÓRZANO

Ahora bien; yo quiero hacer una cosa por vuestra merced, señora Cristina, siquiera porque no la chupen brujas, o por lo menos se ahorque: esta cadena se parece mucho a la fina del vizcaíno; él es mentecapto y algo borrachuelo; yo se la quiero llevar, y darle a entender que es la suya, y vuestra merced contente aquí al señor alguacil; y gaste la cena desta noche, y sosiegue su espíritu, pues la pérdida no es mucha.

DOÑA CRISTINA

Págueselo a vuestra merced todo el cielo; al señor alguacil daré media docena de escudos, y en la cena gastaré uno, y quedaré por esclava perpetua del señor Solórzano.

DOÑA BRÍGIDA

Y yo me haré rajas[132] bailando en la fiesta.

ALGUACIL

Vuestra merced ha hecho como liberal y buen caballero, cuyo oficio ha de ser servir a las mujeres.

SOLÓRZANO

Vengan los diez escudos que di demasiados.

---

129 **no estar bien con los huesos (de alguien):** no poder ver a alguien, odiarle. 130 **desesperarse:** matarse, suicidarse. 131 **chupar brujas (a uno):** Según la superstición popular, las brujas chupaban la sangre de las personas durante el sueño. 132 **hacerse uno rajas:** poner especial empeño en una actividad física, en este caso el baile.

DOÑA CRISTINA

Helos aquí, y más los seis para el señor alguacil.

Entran dos MÚSICOS, *y* QUIÑONES, *el vizcaíno.*

MÚSICO

Todo lo hemos oído, y acá estamos.

QUIÑONES

Ahora sí que puede decir a mi señora Cristina: mamóla[133] una y cien mil veces.

DOÑA BRÍGIDA

5 ¿Han visto qué claro que habla el vizcaíno?

QUIÑONES

Nunca hablo yo turbio, si no es cuando quiero.

DOÑA CRISTINA

Que me maten si no me la han dado a tragar estos bellacos.

QUIÑONES

Señores músicos, el romance que les di y que saben, ¿para qué se hizo?

MÚSICO

10 *La mujer más avisada,*
O sabe poco, o no nada.

La mujer que más presume
De cortar como navaja[134]
Los vocablos repulgados,[135]

133 **mamóla:** exclamación que se usa cuando alguien ha sido burlado. 134 **navaja:** *razor.* 135 **repulgado:** afectado excesivamente. "Cortar los vocablos" era hablar con elegancia.

Entre las godeñas[136] pláticas:
La que sabe de memoria,
A Lo Fraso[137] y a *Diana,*[138]
Y al *Caballero del Febo*[139]
Con *Olivante de Laura;*[140] 5
La que seis veces al mes
Al gran *Don Quijote* pasa,[141]
Aunque más sepa de aquesto,
O sabe poco, o no nada.

La que se fía en su ingenio, 10
Lleno de fingidas trazas,[142]
Fundadas en interés
Y en voluntades tiranas;
La que no sabe guardarse,
Cual dicen, del agua mansa,[143] 15
Y se arroja a las corrientes
Que ligeramente pasan;
La que piensa que ella sola
Es el colmo de la nata
En esto del trato alegre, 20
O sabe poco, o no nada.

DOÑA CRISTINA

Ahora bien, yo quedo burlada, y con todo esto, convido a vuestras mercedes para esta noche.

QUIÑONES

Aceptamos el convite, y todo saldrá en la colada.[144]

---

136 **godeño:** adjetivo derivado de "godo" (*Goth*), los invasores germánicos de España en el siglo V de Cristo. Por eso se decía "venir de los godos", o "hacerse de los godos", a los que afectaban ser nobles y principales. Plática godeña: conversación noble y señoril. 137 **Lo Fraso:** Antonio de Lo Frasso, autor de una pésima novela pastoril, *Los diez libros de Fortuna de Amor* (Barcelona, 1573). 138 **Diana:** la primera y mejor de las novelas pastoriles españolas (Valencia, hacia 1559), escrita por Jorge de Montemayor. 139 **Caballero del Febo:** novela capalleresca por Diego Ortúnez de Calahorra (Zaragoza, 1562). 140 **Olivante de Laura:** novela caballeresca de Antonio de Torquemada (Barcelona, 1564). Todos estos libros, menos el *Caballero del Febo,* estaban en la biblioteca de don Quijote (I, cap. VI). 141 **pasar:** repasar, releer. 142 **traza:** invención, arbitrio. 143 **guardarse del agua mansa:** refrán para aconsejar que la otra persona no haga algo poco conveniente. 144 **todo saldrá en la colada:** *It will all show up in the wash.* Se usa este refrán para decir que las malas acciones se pagan todas y de una vez al final.

PREGUNTAS

1. ¿Qué eran las "tapadas", y qué relación tienen con esta obra?
2. ¿Qué tienen que ver los coches con la angustia de Doña Brígida?
3. ¿Por qué se habían prohibido los coches?
4. ¿Por qué cree Vd. que Solórzano y Quiñones se empeñan en engañar a Doña Cristina?
5. Explique Vd. en qué consiste el engaño, y en qué consiste el triunfo de Solórzano.
6. Compare y contraste la psicología de Doña Cristina y Doña Brígida.
7. ¿Cómo se describe al vizcaíno fingido?
8. Recoja toda la información que hay en esta obra sobre los prestamistas.
9. ¿Tiene alguna lección moral esta obra?
10. ¿Quién es y qué quiere hacer el vecino de Doña Cristina?

VI

EL RETABLO DE LAS MARAVILLAS

Salen CHANFALLA *y la* CHIRINOS.

CHANFALLA

No se te pasen de la memoria, Chirinos, mis advertimientos, principalmente los que te he dado para este nuevo embuste, que ha de salir tan a luz como el pasado del llovista.[1]

CHIRINOS

Chanfalla ilustre, lo que en mí fuere[2] tenlo como de molde;[3] que tanta memoria tengo como entendimiento, a quien se junta una voluntad de acertar a satisfacerte, que excede a las demás potencias; pero dime: ¿de qué te sirve este Rabelín[4] que hemos tomado? Nosotros dos solos, ¿no pudiéramos salir con esta empresa?

CHANFALLA

Habíamosle menester como el pan de la boca, para tocar en los espacios que tardaren en salir las figuras del Retablo de las Maravillas.

[1] **embuste . . . del llovista:** Se ignora qué embuste pudo ser éste. [2] **lo que en mí fuere:** lo que yo pudiere. [3] Entiéndase: como hecho de molde. [4] **Rabelín:** músico que toca el rabel, instrumento pastoril hecho a modo de laúd (*lute*).

CHIRINOS

Maravilla será si no nos apedrean[5] por solo el Rabelín; porque tan desventurada criaturilla no la he visto en todos los días de mi vida.

Entra EL RABELÍN.

EL RABELÍN

¿Hase de hacer algo en este pueblo, señor Autor?[6] Que ya me 5 muero porque vuestra merced vea que no me tomó a carga cerrada.[7]

CHIRINOS

Cuatro cuerpos de los vuestros no harán un tercio, cuanto más una carga;[8] si no sois más gran músico que grande, medrados estamos.[9]

EL RABELÍN

10 Ello dirá;[10] que en verdad que me han escrito para entrar en una compañía de partes,[11] por chico que soy.

CHANFALLA

Si os han de dar la parte a medida del cuerpo, casi será invisible.— Chirinos, poco a poco estamos ya en el pueblo, y éstos que aquí vienen deben de ser, como lo son sin duda, el Gobernador y los

---

5 **apedrear:** arrojar piedras. 6 **autor:** El autor de comedias no era el que las escribía, sino el empresario. 7 **carga cerrada:** ataque de infantería. **Tomar a carga cerrada:** tomar algo impetuosamente, ciegamente. 8 **cuatro cuerpos . . . carga:** juego de palabras múltiple. *Carga* es "ataque", pero al mismo tiempo es la unidad de medida para vender madera y otras cosas; el *tercio* era la tercera parte de una carga, pero también era un regimiento de infantería. 9 **medrados estamos:** expresión irónica para expresar disgusto por algo. 10 **ello dirá:** expresión proverbial para decir que al final se averiguará todo. 11 **compañía de partes:** compañía teatral en que se repartían las ganancias en proporción a los papeles.

Alcaldes. Salgámosles al encuentro, y date un filo a la lengua en la piedra[12] de la adulación; pero no despuntes de aguda.[13]

Salen EL GOBERNADOR, *y* BENITO REPOLLO, *alcalde,* JUAN CASTRADO, *regidor, y* PEDRO CAPACHO,[14] *escribano.*

CHANFALLA

Beso a vuestras mercedes las manos: ¿quién de vuestras mercedes es el Gobernador deste pueblo?

EL GOBERNADOR

Yo soy el Gobernador; ¿qué es lo que queréis, buen hombre? 5

CHANFALLA

A tener yo dos onzas de entendimiento, hubiera echado de ver que esa peripatética[15] y anchurosa[16] presencia no podía ser de otro que del dignísimo Gobernador deste honrado pueblo; que con venirlo a ser de las Algarrobillas, lo deseche vuestra merced.[17]

CHIRINOS

En vida de la señora y de los señoritos, si es que el señor Goberna- 10
dor los tiene.

PEDRO CAPACHO

No es casado el señor Gobernador.

---

12 **piedra:** es la piedra de afilar. 13 **despuntar de agudo:** pasarse de listo. 14 **Repollo, Castrado, Capacho:** *Cabbage-Head, Castrate, Hamper.* 15 **peripatético:** era el nombre de la escuela filosófica de Aristóteles. Es un disparate dicho con toda intención, pues Chanfalla trata de deslumbrar a su público con un torrente de palabras cultas y huecas. El desenlace del entremés nos da la medida de su éxito. 16 **anchuroso:** lo que es ancho. Confiado en que el Gobernador no comprenderá tan culto vocablo, Chanfalla le llama "gordo". 17 **con venirlo a ser . . . vuestra merced:** Las Algarrobillas es un pueblo de la provincia de Cáceres, famoso por sus jamones. El sentido no está muy claro, y quizá esa fue la intención de Chanfalla. Parece significar: "Ojalá vuestra merced deje el gobierno de este pueblo para ser gobernador de las Algarrobillas."

CHIRINOS

Para cuando lo sea; que no se perderá nada.

EL GOBERNADOR

Y bien, ¿qué es lo que queréis, hombre honrado?

CHIRINOS

Honrados días viva vuestra merced, que así nos honra; en fin, la encina da bellotas;[18] el pero, peras; la parra, uvas, y el honrado, 5 honra, sin poder hacer otra cosa.[19]

BENITO REPOLLO

Sentencia ciceronianca,[20] sin quitar ni poner un punto.

PEDRO CAPACHO

Ciceroniana quiso decir el señor alcalde Benito Repollo.

BENITO REPOLLO

Siempre quiero decir lo que es mejor, sino que las más veces no acierto; en fin, buen hombre, ¿qué queréis?

CHANFALLA

10 Yo, señores míos, soy Montiel, el que trae el Retablo de las Maravillas; hanme enviado a llamar de la corte los señores cofrades de los hospitales,[21] porque no hay autor de comedias en ella, y perecen los hospitales, y con mi ida se remediará todo.

---

18 **bellota:** *acorn,* fruto de la encina. 19 **el pero peras... otra cosa:** La Chirinos acumula disparates para reírse de los villanos. El *peral* da *peras,* el *pero* produce una variedad de *manzanas.* ¡Y esto es lo que la Chirinos dice que siempre ocurre así, "sin poder hacer otra cosa"! Otro equívoco es que el Gobernador se dirige al "hombre honrado", y le contesta la Chirinos, como si Chanfalla no entendiese, por falta de costumbre, que esas palabras se referían a él. 20 **ciceronianca:** adjetivo disparatado y rústico. 21 Los hospitales dependían de cofradías piadosas, pero a su vez, eran los dueños de los teatros, con cuyas ganancias se mantenían.

EL GOBERNADOR

Y ¿qué quiere decir *Retablo de las Maravillas*?

CHANFALLA

Por las maravillosas cosas que en él se enseñan y muestran, viene a ser llamado Retablo de las Maravillas; el cual fabricó y compuso el sabio Tontonelo[22] debajo de tales paralelos, rumbos, astros y estrellas, con tales puntos, caracteres y observaciones, que ninguno 5 puede ver las cosas que en él se muestran que tenga alguna raza[23] de confeso,[24] o no sea habido y procreado de sus padres de legítimo matrimonio; y el que fuere contagiado destas dos tan usadas[25] enfermedades, despídase de ver las cosas, jamás vistas ni oídas, de mi retablo. 10

BENITO REPOLLO

Ahora echo de ver[26] que cada día se ven en el mundo cosas nuevas. Y ¡qué! ¿Se llamaba Tontonelo el sabio que el Retablo compuso?

CHIRINOS

Tontonelo se llamaba, nacido en la ciudad de Tontonela: hombre de quien hay fama que le llegaba la barba a la cintura. 15

BENITO REPOLLO

Por la mayor parte, los hombres de grandes barbas son sabihondos.[27]

---

22 **Tontonelo:** nombre humorístico formado sobre "tonto". 23 **raza:** mancha en el linaje. 24 **confeso:** judío convertido al catolicismo. 25 **usado:** común. Tremenda ironía que distingue a toda esta obra. Cervantes se encara otra vez, desde distinto ángulo, con el problema de la limpieza de sangre, o sea el hecho histórico de que la España oficial estaba habitada sólo por cristianos viejos, al menos según la idealización popular. Pero la realidad era muy otra, según sabían muy bien Cervantes (y así lo dice aquí), y la inmensa mayoría de los españoles. En forma superficialmente humorística, Cervantes alude en esta obra a la esencia del "problema de España": el hecho que los españoles son de una manera y quieren ser de otra. 26 **echar de ver:** notar, advertir. 27 **sabihondo:** persona que presume de sabio.

EL GOBERNADOR

Señor regidor Juan Castrado, yo determino, debajo de su buen parecer,[28] que esta noche se despose la señora Teresa Castrada,[29] su hija, de quien yo soy padrino, y en regocijo de la fiesta, quiero que el señor Montiel muestre en vuestra casa su Retablo.

JUAN CASTRADO

5 Eso[30] tengo yo por servir al señor Gobernador, con cuyo parecer me convengo, entablo y arrimo,[31] aunque haya otra cosa en contrario.

CHIRINOS

La cosa que hay en contrario es que, si no se nos paga primero nuestro trabajo, asi verán las figuras como por el cerro de Ubeda.[32]
10 ¿Y vuestras mercedes, señores Justicias, tienen conciencia y alma en esos cuerpos? ¡Bueno sería que entrase esta noche todo el pueblo en casa del señor Juan Castrado, o como es su gracia,[33] y viese lo contenido en el tal Retablo, y mañana, cuando quisiésemos mostralle al pueblo, no hubiese ánima que le viese! No, señores, no, señores;
15 *ante omnia*[34] nos han de pagar lo que fuere justo.

BENITO REPOLLO

Señora Autora, aquí no os ha de pagar ninguna Antona, ni ningún Antoño;[35] el señor regidor Juan Castrado os pagará más que honradamente, y si no, el Concejo. ¡Bien conocéis el lugar, por cierto! Aquí, hermana, no aguardamos a que ninguna Antona pague por
20 nosotros.

---

28 **debajo de su buen parecer:** con su permiso. 29 **Teresa Castrada:** era común, en las clases más bajas, que la mujer usase, de ser posible, la forma femenina del apellido del marido o del padre. La aplicación de tal costumbre, en este caso, no deja de tener su humor. 30 **eso:** Nótese que alude a "regocijo". 31 **entablar, arrimar:** sinónimos, en este caso, de "convenir". 32 **como por el cerro de Ubeda:** Ubeda es una ciudad de la provincia de Jaén. La expresión pondera una negativa: "no ver nada en absoluto". 33 **gracia:** nombre. Hay bastante ironía en decir que "Castrado" es "gracia". 34 **ante omnia:** latín, ante todo. 35 **Antona, Antoño:** Benito no entiende el latín *ante omnia,* y lo identifica con el nombre de mujer *Antona,* y de allí *Antoño.*

PEDRO CAPACHO

¡Pecador de mí, señor Benito Repollo, y qué lejos da del blanco! No dice la señora Autora que pague ninguna Antona, sino que le paguen adelantado y ante todas cosas, que eso quiere decir *ante omnia*.

BENITO REPOLLO

Mirad, escribano Pedro Capacho, haced vos que me hablen a derechas, que yo entenderé a pie llano;[36] vos, que sois leído y escribido,[37] podéis entender esas algarabías de allende, que yo no. 5

JUAN CASTRADO

Ahora bien; ¿contentarse ha el señor Autor con que yo le dé adelantados media docena de ducados? Y más, que se tendrá cuidado que no entre gente del pueblo esta noche en mi casa. 10

CHANFALLA

Soy contento; porque yo me fío de la diligencia de vuestra merced y de su buen término.

JUAN CASTRADO

Pues véngase conmigo, recibirá el dinero, y verá mi casa, y la comodidad que hay en ella para mostrar ese Retablo.

CHANFALLA

Vamos, y no se les pase de las mientes[38] las calidades que han de tener los que se atrevieren a mirar el maravilloso Retablo. 15

BENITO REPOLLO

A mi cargo queda eso, y séle decir que por mi parte, puedo ir seguro a juicio, pues tengo el padre alcalde;[39] cuatro dedos de

---

36 **a pie llano:** fácilmente. 37 **escribido:** vulgarismo por *escrito,* pero se usa en la expresión popular "leido y escribido" (persona sabia). 38 **las mientes:** pensamiento. 39 **tener el padre alcalde:** refrán que indica que uno tiene un poderoso protector.

enjundia[40] de cristiano viejo rancioso[41] tengo sobre los cuatro costados de mi linaje: ¡miren si veré el tal Retablo!

PEDRO CAPACHO

Todos le pensamos ver, señor Benito Repollo.

JUAN CASTRADO

No nacimos acá en las malvas,[42] señor Pedro Capacho.

EL GOBERNADOR

5 Todo será menester, según voy viendo, señores Alcalde, Regidor y Escribano.

JUAN CASTRADO

Vamos, Autor, y manos a la obra;[43] que Juan Castrado me llamo, hijo de Antón Castrado y de Juana Macha;[44] y no digo más, en abono[45] y seguro que podré ponerme cara a cara y a pie quedo 10 delante del referido retablo.

CHIRINOS

¡Dios lo haga!

Éntranse JUAN CASTRADO *y* CHANFALLA.

EL GOBERNADOR

Señora Autora, ¿qué poetas se usan ahora en la corte, de fama y rumbo, especialmente de los llamados cómicos? Porque yo tengo mis puntas y collar de[46] poeta, y pícome[47] de la farándula[48] y carátula.[49]

---

40 **enjundia:** grasa de los animales. 41 **rancioso:** juego de palabras con los dos sentidos de "rancio": sabor y olor que adquieren ciertos comestibles hechos con grasa, o hablando de linajes, muy antiguo. 42 **nacer en las malvas:** tener humilde origen. 43 **manos a la obra:** expresión de aliento para empezar una labor. 44 **Juana Macha:** otro gracioso disparate causado por la costumbre, ya aludida, de que las mujeres usasen la forma femenina del nombre del padre o del marido. 45 **abono:** testimonio. 46 **puntas y collar de:** expresión para decir que una persona tiene indicios de algo, por lo general de un vicio o maldad, en este caso de poeta. 47 **picarse:** preciarse de algo que se tiene. 48 **farándula:** profesión de los farsantes. 49 **carátula:** sinónimo de farándula.

Veinte y dos comedias tengo, todas nuevas, que se veen las unas a las otras;[50] estoy aguardando coyuntura para ir a la corte y enriquecer con ellas media docena de autores.

CHIRINOS

A lo que vuestra merced, señor gobernador, me pregunta de los poetas, no le sabré responder; porque hay tantos que quitan el sol, y y todos piensan que son famosos. Los poetas cómicos son los ordinarios y que siempre se usan, y así no hay para qué nombrallos. Pero dígame vuestra merced, por su vida: ¿Cómo es su buena gracia? ¿Cómo se llama? 5

EL GOBERNADOR

A mí, señora Autora, me llaman el Licenciado Gomecillos. 10

CHIRINOS

¡Válame[51] Dios! ¿Y qué, vuesa merced es el señor Licenciado Gomecillos, el que compuso aquellas coplas tan famosas de *Lucifer estaba malo* y *Tómale mal de fuera?*[52]

EL GOBERNADOR

Malas lenguas hubo que me quisieron ahijar[53] esas coplas, y así fueron mías como del Gran Turco.[54] Las que yo compuse, y no lo quiero negar, fueron aquellas que trataron del diluvio de Sevilla; que puesto que los poetas son ladrones unos de otros, nunca me precié de hurtar nada a nadie: con mis versos me ayude Dios, y hurte el que quisiere. 15

Vuelve CHANFALLA.

---

[50] **verse los unos a los otros:** dícese de algo hecho sin interrupción, o muy junto. Nótese que *veen* es forma antigua de *ven.* [51] **válame:** forma antigua de *válgame.* [52] **Tómale mal de fuera:** padecer una enfermedad inesperada. Ambos títulos ridiculizan el torrente de malísima poesía que se escribía y publicaba. [53] **ahijar:** atribuir. [54] **Gran Turco:** el Sultán de Constantinopla. Su nombre solía usarse en expresiones hiperbólicas, en este caso de negación: "no eran mías en absoluto". Así lo vuelve a usar el Gobernador, más abajo.

CHANFALLA

Señores, vuestras mercedes vengan, que todo está a punto, y no falta más que comenzar.

CHIRINOS

¿Está ya el dinero *in corbona*?[55]

CHANFALLA

Y aun entre las telas del corazón.[56]

CHIRINOS

5 Pues doite[57] por aviso, Chanfalla, que el Gobernador es poeta.

CHANFALLA

¿Poeta? ¡Cuerpo del mundo![58] Pues dale por engañado, porque todos los de humor semejante son hechos a la mazacona,[59] gente descuidada, crédula y no nada maliciosa.

BENITO REPOLLO

Vamos, Autor; que me saltan los pies por ver esas maravillas.

Éntranse todos. Salen JUANA CASTRADA *y* TERESA REPOLLA, *labradoras, la una como desposada, que es la* CASTRADA.

JUANA CASTRADA

10 Aquí te puedes sentar, Teresa Repolla amiga, que tendremos el Retablo enfrente; y pues sabes las condiciones que han de tener los miradores del Retablo, no te descuides, que sería una gran desgracia.

---

55 **in corbona:** latín, en el arca de las ofrendas. Palabras del Evangelio de San Mateo, XXVII: 6. 56 **entre las telas del corazón:** en lo más íntimo y muy bien guardado. 57 **doite:** doyte. 58 **cuerpo del mundo:** juramento eufemístico. 59 **a la mazacona:** al azar, en forma descuidada.

TERESA REPOLLA

Ya sabes, Juana Castrada, que soy tu prima, y no digo más. ¡Tan cierto tuviera yo el cielo como tengo cierto ver todo aquello que el Retablo mostrare! ¡Por el siglo de mi madre, que me sacase los mismos ojos de mi cara si alguna desgracia me aconteciese! ¡Bonita soy yo para eso! 5

JUANA CASTRADA

Sosiégate, prima; que toda la gente viene.

Entran el GOBERNADOR, BENITO REPOLLO, JUAN CASTRADO, PEDRO CAPACHO, EL AUTOR *y* LA AUTORA, *y* EL MÚSICO, *y otra gente del pueblo, y* UN SOBRINO *de Benito, que ha de ser aquel gentil hombre que baila.*

CHANFALLA

Siéntense todos; el Retablo ha de estar detrás deste repostero,[60] y la Autora también, y aquí el músico.

BENITO REPOLLO

¿Músico es éste? Métanle también detrás del repostero, que a trueco de no velle, daré por bien empleado el no oílle. 10

CHANFALLA

No tiene vuestra merced razón, señor alcalde Repollo, de descontentarse del[61] músico, que en verdad que es muy buen cristiano, y hidalgo de solar[62] conocido.

EL GOBERNADOR

¡Calidades son bien necesarias para ser buen músico!

---

[60] **repostero:** especie de tapiz muy lujoso. Es una muestra más del ilusionismo que crea Chanfalla, pues ese repostero termina siendo una manta común. [61] **descontentarse del:** disgustarse con. [62] **solar:** casa donde tuvo su origen un linaje. Para ser considerado noble en España había que tener solar conocido.

BENITO REPOLLO

De solar, bien podrá ser; mas de sonar,[63] *abrenuncio.*[64]

EL RABELÍN

¡Eso se merece el bellaco que se viene a sonar delante de...!

BENITO REPOLLO

¡Pues por Dios, que hemos visto aquí sonar a otros músicos tan...!

EL GOBERNADOR

5 Quédese esta razón en el *de* del señor Rabel y en el *tan* del Alcalde, que será proceder[65] en infinito; y el señor Montiel comience su obra.

BENITO REPOLLO

Poca balumba[66] trae este autor para tan gran Retablo.

JUAN CASTRADO

Todo debe de ser de maravillas.

CHANFALLA

10 Atención, señores, que comienzo.—¡Oh tú, quien quiera que fuiste,[67] que fabricaste este Retablo con tan maravilloso artificio, que alcanzó renombre *de las Maravillas*: por la virtud que en él se encierra, te conjuro, apremio y mando que luego incontinenti[68] muestres a estos señores algunas de las tus maravillosas maravillas,
15 para que se regocijen y tomen placer, sin escándalo alguno! Ea,[69]

---

63 **sonar:** en el sentido de tocar un instrumento. 64 **abrenuncio:** latín, yo renuncio. Palabra usada para indicar que se rechaza algo. Lo que rechaza Benito es la posibilidad de que el Rabelín pueda tocar algo. 65 Entiéndase: que si no será proceder. 66 **balumba:** bulto que hacen muchas cosas juntas. 67 **Oh tú, quien quiera que fuiste:** Chanfalla comienza su discurso con una fórmula típica para conjurar demonios. 68 **incontinenti:** latín, de inmediato. 69 **ea:** exclamación para dar prisa a alguien.

que ya veo que has otorgado mi petición, pues por aquella parte asoma la figura del valentísimo Sansón, abrazado con las colunas del templo, para derriballe por el suelo y tomar venganza de sus enemigos. ¡Tente, valeroso caballero, tente, por la gracia de Dios Padre; no hagas tal desaguisado,[70] porque no cojas debajo y hagas 5
tortilla tanta y tan noble gente como aquí se ha juntado!

BENITO REPOLLO

¡Téngase, cuerpo de tal conmigo![71] ¡Bueno sería que en lugar de habernos venido a holgar, quedásemos aquí hechos plasta![72] ¡Téngase, señor Sansón, pesia[73] a mis males, que se lo ruegan buenos![74]

PEDRO CAPACHO

¿Veisle vos, Castrado? 10

JUAN CASTRADO

Pues ¿no le había de ver? ¿Tengo yo los ojos en el colodrillo?[75]

EL GOBERNADOR

Milagroso caso es éste: así veo yo a Sansón ahora, como el Gran Turco. Pues en verdad que me tengo por legítimo[76] y cristiano viejo.

CHIRINOS

¡Guárdate, hombre, que sale el mesmo[77] toro que mató al ganapán en Salamanca! ¡Échate, hombre; échate, hombre; Dios te 15
libre, Dios te libre!

CHANFALLA

¡Échense todos, échense todos! ¡Húchoho!,[78] ¡húchoho!, ¡húchoho!

---

70 **desaguisado:** agravio. 71 **cuerpo de tal conmigo:** juramento eufemístico. 72 **plasta:** cosa aplastada. 73 **pesia:** pese a, expresión usada para introducir juramentos que expresan malos deseos contra alguien o algo. 74 **se lo ruegan buenos:** Entiéndase: hombres buenos. 75 **colodrillo:** parte posterior de la cabeza. 76 Entiéndase: hijo legítimo. 77 **mesmo:** mismo. 78 **húchoho:** exclamación que servía para incitar o espantar al toro.

Échanse todos, y alborótanse.

BENITO REPOLLO

El diablo lleva en el cuerpo el torillo; sus partes tiene de hosco[79] y de bragado;[80] si no me tiendo,[81] me lleva de vuelo.

JUAN CASTRADO

Señor Autor, haga, si puede, que no salgan figuras que nos alboroten; y no lo digo por mí, sino por estas mochachas, que no
5 les ha quedado gota de sangre en el cuerpo, de la ferocidad del toro.

JUANA CASTRADA

Y ¡cómo, padre! No pienso volver en mí en tres días; ya me vi en sus cuernos, que los tiene agudos como una lesna.[82]

JUAN CASTRADO

No fueras tú mi hija, y no lo vieras.

EL GOBERNADOR

10 Basta, que todos ven lo que yo no veo; pero al fin habré de decir que lo veo, por la negra honrilla.[83]

CHIRINOS

Esa manada[84] de ratones que allá va, deciende[85] por línea recta de aquellos que se criaron en el arca de Noé; dellos son blancos, dellos albarazados,[86] dellos jaspeados[87] y dellos azules; y, finalmente, todos
15 son ratones.

---

79 **hosco:** color moreno muy oscuro. 80 **bragado:** animal que tiene parte de las piernas de otro color que el resto. 81 **tenderse:** echarse al suelo. 82 **lesna:** lezna (*awl*). 83 **la negra honrilla:** expresión corriente para referirse al honor de una persona. 84 **manada:** conjunto de ciertos animales. 85 **decender:** descender. 86 **albarazado:** de color mezclado de negro y rojo. Nótese que ahora se diría "algunos de ellos" en vez de "dellos". 87 **jaspeado:** con manchas de otro color.

JUANA CASTRADA

¡Jesús! ¡Ay de mí! ¡Ténganme, que me arrojaré por aquella ventana! ¿Ratones? ¡Desdichada! Amiga, apriétate las faldas, y mira no te muerdan; y ¡monta que son pocos! ¡Por el siglo de mi abuela, que pasan de milenta![88]

TERESA REPOLLA

Yo sí soy la desdichada, porque se me entran sin reparo ninguno; un ratón morenico[89] me tiene asida de una rodilla: ¡socorro venga del cielo, pues en la tierra me falta! 5

BENITO REPOLLO

Aun bien[90] que tengo gregüescos:[91] que no hay ratón que se me entre, por pequeño que sea.

CHANFALLA

Esta agua, que con tanta priesa se deja descolgar de las nubes, es de la fuente que da origen y principio al río Jordán.[92] Toda mujer a quien tocare en el rostro, se le volverá como de plata bruñida, y a los hombres se les volverán las barbas como de oro. 10

JUANA CASTRADA

¿Oyes, amiga? Descubre el rostro, pues ves lo que te importa. ¡Oh, qué licor tan sabroso! Cúbrase, padre, no se moje. 15

JUAN CASTRADO

Todos nos cubrimos, hija.

BENITO REPOLLO

Por las espaldas me ha calado el agua hasta la canal maestra.[93]

---

88 **milenta:** formación numeral humorística, por analogía con cuarenta, cincuenta, sesenta, etc. 89 **morenico:** diminutivo de moreno. 90 **aun bien:** por suerte. 91 **gregüescos:** calzón muy ancho. 92 Existía la creencia de que quien se lavase en el Jordán quedaba rejuvenecido. 93 **canal maestra:** eufemismo. En los tejados, la canal maestra es la principal, que recibe el agua de las canales menores.

PEDRO CAPACHO

Yo estoy más seco que un esparto.[94]

EL GOBERNADOR

¿Qué diablos puede ser esto, que aun no me ha tocado una gota, donde todos se ahogan? Mas ¿si viniera yo a ser bastardo entre tantos legítimos?

BENITO REPOLLO

5 Quítenme de allí aquel músico; si no, voto a Dios que me vaya sin ver más figura. ¡Válgate el diablo[95] por músico aduendado,[96] y que hace de menudear[97] sin cítola[98] y sin son!

EL RABELÍN

Señor alcalde, no tome conmigo la hincha;[99] que yo toco como Dios ha sido servido de enseñarme.

BENITO REPOLLO

10 ¿Dios te había de enseñar, sabandija?[100] ¡Métete tras la manta;[101] si no, por Dios que te arroje este banco!

EL RABELÍN

El diablo creo que me ha traído a este pueblo.

PEDRO CAPACHO

Fresca es el agua del santo río Jordán; y, aunque me cubrí lo que pude, todavía me alcanzó un poco en los bigotes, y apostaré que los 15 tengo rubios como un oro.

---

94 **esparto:** *esparto grass.* 95 **¡válgate el diablo!:** exclamación de admiración y enfado. 96 **aduendado:** que tiene un duende. 97 **menudear:** hacer algo repetidamente. 98 **cítola:** *millclapper.* Es probable que el rústico Benito haya querido decir "citara", *zither.* 99 **tomar la hincha:** tener odio, enemistad. 100 **sabandija:** persona despreciable. 101 **manta:** esto es lo que Chanfalla había llamado con mucha pompa "repostero". En su enojo, Benito ve la realidad de las cosas.

BENITO REPOLLO

Y aun peor cincuenta veces.

CHIRINOS

Allá van hasta dos docenas de leones rampantes[102] y de osos colmeneros;[103] todo viviente[104] se guarde; que, aunque fantásticos, no dejarán de dar alguna pesadumbre, y aun de hacer las fuerzas de Hércules, con espadas desenvainadas.[105] 5

JUAN CASTRADO

Ea, señor Autor, ¡cuerpo de nosla![106] ¿Y agora nos quiere llenar la casa de osos y de leones?

BENITO REPOLLO

¡Mirad qué ruiseñores y calandrias[107] nos envía Tontonelo, sino leones y dragones! Señor Autor, o salgan figuras más apacibles, o aquí nos contentamos con las vistas, y Dios le guíe, y no pare más 10 en el pueblo un momento.

JUANA CASTRADA

Señor Benito Repollo, deje salir ese oso y leones, siquiera por nosotras, y recebiremos mucho contento.

JUAN CASTRADO

Pues, hija, ¿de antes te espantabas de los ratones, y agora pides osos y leones? 15

JUANA CASTRADA

Todo lo nuevo aplace, señor padre.

---

102 **león rampante:** Lo gracioso de este disparate es que los leones rampantes sólo existen en la heráldica. 103 **oso colmenero:** oso que come miel de colmena. 104 Entiéndase: todo ser viviente. 105 **desenvainado:** que está fuera de la vaina (*unsheathed*). 106 **¡cuerpo de nosla!:** juramento eufemístico. 107 **calandria:** *bunting*.

CHIRINOS

Esa doncella, que agora se muestra tan galana y tan compuesta,[108] es la llamada Herodías, cuyo baile alcanzó en premio la cabeza del Precursor de la vida.[109] Si hay quien la ayude a bailar, verán maravillas.

BENITO REPOLLO

5 ¡Esta sí, ¡cuerpo del mundo!, que es figura hermosa, apacible y reluciente! ¡Hi de puta, y cómo que se vuelve la mochacha!—Sobrino Repollo, tú que sabes de achaque[110] de castañetas, ayúdala, y será la fiesta de cuatro capas.[111]

EL SOBRINO

Que me place, tío Benito Repollo.

Tocan la zarabanda.[112]

PEDRO CAPACHO

10 ¡Toma mi abuelo,[113] si es antiguo el baile de la zarabanda y de la chacona!

BENITO REPOLLO

Ea, sobrino, ténselas tiesas[114] a esa bellaca jodía;[115] pero, si ésta es jodía, ¿cómo vee estas maravillas?

CHANFALLA

Todas las reglas tienen excepción, señor Alcalde.

---

[108] **compuesto:** que tiene mesura. [109] **Precursor de la vida:** San Juan Bautista. [110] **achaque:** asunto o materia. [111] **fiesta de cuatro capas:** En ciertas solemnes fiestas religiosas los prebendados (*prebendaries*) salen al coro con capas pluviales. El número de prebendados con capas determina la solemnidad de la fiesta. Una fiesta de cuatro capas es muy importante. [112] **zarabanda:** baile popular considerado inmoral. Es curioso que la zarabanda y la chacona (otro baile popular también considerado inmoral) fuesen, una vez adaptados, los bailes más en boga en las cortes europeas a fines del siglo XVII y durante el siglo XVIII. [113] **toma mi abuelo:** exclamación de sorpresa. [114] **tenérselas tiesas:** mantenerse firme contra otro en una competencia. [115] **jodío:** judío.

Suena una trompeta o corneta dentro del teatro, y entra un FURRIER[116] *de compañías.*

EL FURRIER

¿Quién es aquí el señor Gobernador?

EL GOBERNADOR

Yo soy. ¿Qué manda vuestra merced?

EL FURRIER

Que luego, al punto, mande hacer alojamiento[117] para treinta hombres de armas que llegarán aquí dentro de media hora, y aun antes, que ya suena la trompeta; y adiós. (*Vase.*) 5

BENITO REPOLLO

Yo apostaré que los envía el sabio Tontonelo.

CHANFALLA

No hay tal; que ésta es una compañía de caballos,[118] que estaba alojada dos leguas de aquí,

BENITO REPOLLO

Ahora yo conozco bien a Tontonelo, y sé que vos y él sois unos grandísimos bellacos, no perdonando al músico; y mirá que os 10 mando que mandéis a Tontonelo no tenga atrevimiento de enviar estos hombres de armas, que le haré dar docientos azotes en las espaldas, que se vean unos a otros.

CHANFALLA

¡Digo, señor alcalde, que no los envía Tontonelo!

---

116 **furrier:** furriel, persona que en las compañías de soldados tenía a su cargo la distribución de los alojamientos y la comida. 117 **hacer alojamiento:** En aquella época los soldados se alojaban en las casas particulares, de acuerdo con la distribución hecha por el alcalde o gobernador del pueblo y el furriel. Esto daba lugar a muchos abusos, que forman el nudo trágico del gran drama de D. Pedro Calderón de la Barca (1600–1681), *El alcalde de Zalamea.* 118 **compañía de caballos:** o sea de caballería.

BENITO REPOLLO

Digo que los envía Tontonelo, como ha enviado las otras sabandijas[119] que yo he visto.

PEDRO CAPACHO

Todos las habemos visto, señor Benito Repollo.

BENITO REPOLLO

No digo yo que no, señor Pedro Capacho.—No toques más,
5 músico de entre sueños,[120] que te romperé la cabeza.

Vuelve el FURRIER.

EL FURRIER

Ea, ¿está ya hecho el alojamiento? Que ya están los caballos en el pueblo.

BENITO REPOLLO

¿Qué, todavía ha salido con la suya Tontonelo? ¡Pues yo os voto a tal,[121] Autor de humos y de embelecos,[122] que me lo habéis de pagar!

CHANFALLA

10 Séanme testigos que me amenaza el Alcalde.

CHIRINOS

Séanme testigos que dice el Alcalde que lo que manda S. M. lo manda el sabio Tontonelo.

BENITO REPOLLO

Atontoneleada te vean mis ojos, plega a Dios Todopoderoso.

---

119 **sabandija:** reptil o insecto asqueroso y molesto. 120 **músico de entre sueños:** de pesadilla. 121 **voto a tal:** eufemismo por voto a Dios. 122 **embeleco:** engaño.

EL GOBERNADOR

Yo para mí tengo que[123] verdaderamente estos hombres de armas no deben de ser de burlas.

EL FURRIER

¿De burlas habían de ser, señor Gobernador? ¿Está en su seso?[124]

JUAN CASTRADO

Bien pudieran ser atontoneleados; como esas cosas habemos visto aquí. Por vida del Autor, que haga salir otra vez a la doncella 5
Herodías, porque vea este señor lo que nunca ha visto; quizá con esto le cohecharemos[125] para que se vaya presto del lugar.

CHANFALLA

Eso en buen hora, y veisla aquí a do[126] vuelve, y hace de señas[127] a su bailador[128] a que de nuevo la ayude.

EL SOBRINO

Por mí no quedará,[129] por cierto. 10

BENITO REPOLLO

Eso sí, sobrino, cánsala, cánsala; vueltas y más vueltas; ¡vive Dios, que es un azogue la muchacha! ¡Al hoyo, al hoyo! ¡A ello, a ello![130]

EL FURRIER

¿Está loca esta gente? ¿Qué diablos de doncella es ésta, y qué baile, y qué Tontonelo? 15

PEDRO CAPACHO

Luego ¿no vee la doncella herodiana el señor Furrier?

---

123 **tener para uno que:** suponer. 124 **estar en su seso:** tener juicio. 125 **cohechar:** sobornar. 126 **do:** donde. 127 **seña:** señal. 128 **bailador:** bailarín. 129 **no quedar por uno:** se dice cuando uno no tiene objeción a continuar algo. 130 **al hoyo, a ello:** exclamaciones exhortatorias.

EL FURRIER

¿Qué diablos de doncella tengo de ver?

PEDRO CAPACHO

Basta: de *ex illis* es.[131]

EL GOBERNADOR

De *ex illis* es, de *ex illis* es.

JUAN CASTRADO

Dellos es, dellos el señor Furrier, dellos es.

EL FURRIER

5 ¡Soy de la mala puta que los parió;[132] y por Dios vivo, que si echo mano a la espada, que los haga salir por las ventanas, que no por la puerta!

PEDRO CAPACHO

Basta: de *ex illis* es.

BENITO REPOLLO

Basta: dellos es, pues no vee nada.

EL FURRIER

10 Canalla barretina:[133] si otra vez me dicen que soy dellos, no les dejaré hueso sano.

BENITO REPOLLO

Nunca los confesos ni bastardos fueron valientes;[134] y por eso no podemos dejar de decir: dellos es, dellos es.

---

131 **ex illis es:** latín, de ellos eres. Palabras dichas a Pedro, cuando éste negaba a Cristo (San Mateo, XXVI: 73). Lo que quiere decir Capacho es que el Furriel es confeso. 132 **ser de la mala puta que los parió:** forma vehementísima y muy insultante de negar la acusación de Capacho y el Gobernador. 133 **barretina:** gorro usado por los judíos. 134 En toda la literatura del Siglo de Oro el judío es presentado como cobarde.

EL FURRIER

¡Cuerpo de Dios con los villanos! ¡Esperad!

Mete mano[135] *a la espada, y acuchíllase*[136] *con todos; y el* ALCALDE *aporrea*[137] *al* RABELLEJO;[138] *y la* CHIRINOS *descuelga la manta y dice:*

CHIRINOS

El diablo ha sido[139] la trompeta y la venida de los hombres de armas; parece que los llamaron con campanilla.

CHANFALLA

El suceso ha sido extraordinario; la virtud del Retablo se queda en su punto,[140] y mañana lo podemos mostrar al pueblo; y nosotros 5
mismos podemos cantar el triunfo desta batalla, diciendo: ¡Vivan Chirinos y Chanfalla!

PREGUNTAS

1. Describa Vd. al Rabelín y sus funciones durante la obra.
2. Recoja Vd. todas las noticias que nos da este entremés acerca de los teatros en la época de Cervantes.
3. ¿En qué consiste el engaño de este retablo?
4. Explique el sentido de sátira social que tiene esta obra.
5. ¿Qué elementos de sátira literaria hay en esta obra?
6. Compare esta obra con *La elección de los alcaldes de Daganzo.*

---

135 **meter mano:** sacar, desenvainar. 136 **acuchillarse:** reñir con la espada. 137 **aporrear:** golpear con un palo. 138 **Rabellejo:** diminutivo despectivo de Rabel. 139 Entiéndase: como cosa del diablo ha sido. 140 **quedarse en su punto:** se dice de algo que no ha variado ni cambiado.

7. ¿Cuáles son las reacciones de las siguientes personas ante el espectáculo del retablo?:
   (a) El Gobernador
   (b) Benito Repollo
   (c) Juana Castrada
   (d) Pedro Capacho

8. ¿Qué importancia tiene la intervención del Furriel, y cuáles son sus funciones?

9. Describa Vd. al Gobernador.

10. ¿Cree Vd. que la lección moral de este entremés es aplicable a nuestros días?

VII

LA CUEVA DE SALAMANCA[1]

Salen PANCRACIO, LEONARDA *y* CRISTINA.

PANCRACIO

Enjugad, señora, esas lágrimas, y poned pausa a vuestros suspiros, considerando que cuatro días de ausencia no son siglos: yo volveré, a lo más largo,[2] a los cinco,[3] si Dios no me quita la vida; aunque será mejor, por no turbar la vuestra,[4] romper mi palabra, y dejar esta jornada; que sin mi presencia se podrá casar mi hermana. 5

LEONARDA

No quiero yo, mi Pancracio y mi señor, que por respeto mío vos parezcáis descortés; id en hora buena, y cumplid con vuestras obligaciones, pues las que os llevan son precisas: que yo me apretaré con mi llaga, y pasaré mi soledad lo menos mal que pudiere. Sólo os encargo la vuelta, y que no paséis del término que habéis 10 puesto.—Tenme, Cristina, que se me aprieta el corazón.

---

1 Por mucho tiempo corrió la creencia popular de que en Salamanca había una cueva donde el diablo mismo enseñaba magia a sus discípulos. Esta tradición inspiró varias obras literarias. El entremés de Cervantes, sin embargo, no está relacionado directamente con dicha tradición; él usa el nombre de la cueva sólo para aludir al tema de la magia, que tendrá gracioso papel en esta obrita. 2 **a lo más largo:** a lo más tarde. 3 Entiéndase: cinco días. 4 **vuestra:** Nótese que se refiere a "vida".

Desmáyase LEONARDA.

CRISTINA

¡Oh, qué bien hayan[5] las bodas y las fiestas! En verdad, señor, que si yo fuera que[6] vuestra merced, que nunca allá fuera.

PANCRACIO

Entra, hija, por un vidro[7] de agua para echársela en el rostro. Mas espera; diréle unas palabras[8] que sé al oído, que tienen virtud para 5 hacer volver de los desmayos.

Dícele las palabras: vuelve LEONARDA *diciendo:*

LEONARDA

Basta: ello ha de ser forzoso: no hay sino tener paciencia, bien mío; cuanto más os detuviéredes, más dilatáis mi contento. Vuestro compadre Leoniso os debe de aguardar ya en el coche. Andad con Dios: que Él os vuelva tan presto y tan bueno como yo deseo.

PANCRACIO

10 Mi ángel, si gustas que me quede, no me moveré de aquí más que una estatua.

LEONARDA

No, no, descanso mío; que mi gusto está en el vuestro; y por agora, más que os váis, que no os quedéis,[9] pues es vuestra honra la mía.

---

[5] **que bien hayan:** exclamación equivalente a "benditas sean". Cristina dice esto en tono irónico, porque ni ella ni su ama quieren que Pancracio las deje para ir a una boda, pero la verdadera ironía, y que Pancracio no entiende, es que ella y su ama están muy contentas de que él se marche. [6] Nótese que en español moderno sobra este "que". [7] **vidro:** vidrio, vaso. [8] **palabras:** o sea un ensalmo (*incantation*). El propio Pancracio se encarga de introducir el tema de la magia, en la cual, evidentemente, él cree. De esto depende el desenlace de la obra. [9] Entiéndase: más gusto yo que os váis (forma antigua de *vayáis*), que no os quedéis.

CRISTINA

¡Oh, espejo[10] del matrimonio! A fe que si todas las casadas quisiesen tanto a sus maridos como mi señora Leonarda quiere al suyo, que otro gallo les cantase.[11]

LEONARDA

Entra, Cristinica, y saca mi manto; que quiero acompañar a tu señor hasta dejarle en el coche. 5

PANCRACIO

No, por mi amor; abrazadme, y quedaos, por vida mía.—Cristinica, ten cuenta[12] de regalar a tu señora, que yo te mando[13] un calzado cuando vuelva, como tú le quisieres.

CRISTINA

Vaya, señor, y no lleve pena de mi señora, porque la pienso persuadir de manera a que nos holguemos, que no imagine[14] en la 10 falta que vuestra merced le ha de hacer.

LEONARDA

¿Holgar yo? ¡Qué bien estás en la cuenta,[15] niña! Porque, ausente de mi gusto, no se hicieron los placeres ni las glorias para mí; penas y dolores, sí.

PANCRACIO

Ya no lo puedo sufrir. Quedad en paz, lumbre destos ojos, los 15 cuales no verán cosa que les dé placer hasta volveros a ver.

Éntrase PANCRACIO.

---

10 **espejo:** aquí, modelo. 11 **cantar otro gallo:** se dice cuando las cosas son muy distintas de como eran. 12 **tener cuenta:** tener cuidado. 13 **mandar:** aquí, prometer. 14 **imaginar:** pensar. 15 **Qué bien estás en la cuenta:** exclamación irónica para decir ¡Qué poco sabes!

LEONARDA

Allá darás, rayo, en casa de Ana Díaz.[16] Vayas, y no vuelvas; la ida del humo.[17] Por Dios, que esta vez no os han de valer vuestras valentías ni vuestros recatos.[18]

CRISTINA

Mil veces temí que con tus extremos[19] habías de estorbar su 5 partida y nuestros contentos.

LEONARDA

¿Si vendrán esta noche los que esperamos?

CRISTINA

¿Pues no? Ya los tengo avisados, y ellos están tan en ello,[20] que esta tarde enviaron con la lavandera, nuestra secretaria,[21] como que eran paños, una canasta de colar,[22] llena de mil regalos y de cosas de 10 comer, que no parece sino uno de los serones[23] que da el rey el Jueves Santo a sus pobres;[24] sino que la canasta es de Pascua, porque hay en ella empanadas, fiambreras,[25] manjar blanco,[26] y dos capones que aun no están acabados de pelar,[27] y todo género de fruta de la que hay ahora; y, sobre todo, una bota de hasta una arroba[28] de vino, de 15 lo de una oreja,[29] que huele que traciende.[30]

LEONARDA

Es muy cumplido,[31] y lo fué siempre, mi Reponce, sacristán de las telas de mis entrañas.[32]

---

16 **Allá darás rayo, en casa de Ana Díaz:** expresión proverbial usada cuando se marcha alguien que estorba. 17 **la ida del humo:** que se va y no vuelve. 18 **recato:** cautela. 19 **extremos:** manifestaciones exageradas. 20 **estar tan en ello:** estar muy bien enterado. 21 **secretario:** en el sentido etimológico de alguien que guarda los secretos de otra persona. 22 **canasta de colar:** cesto de hacer la colada (*bleaching*) de la ropa sucia. 23 **serón:** cesto grande sin asas. 24 Alusión a la piadosa ceremonia en que el rey de España lavaba y daba de comer a doce pobres el día de Jueves Santo. 25 **fiambrera:** cesta para llevar fiambres (*cold meats*). 26 **manjar blanco:** plato muy preciado hecho con pollo. 27 **pelar:** quitar las plumas. 28 **arroba:** medida líquida variable, pero, de todas maneras, muy respetable. 29 **vino de una oreja:** vino de buena calidad. 30 **tracender:** trascender. 31 **cumplido:** comedido, cortés. 32 Entiéndase: las telas del corazón, o sea, lo más íntimo, lo más querido.

CRISTINA

Pues ¿qué le falta a mi maese Nicolás, barbero de mis hígados[33] y navaja de mis pesadumbres, que así me las rapa[34] y quita cuando le veo, como si nunca las hubiera tenido?

LEONARDA

¿Pusiste la canasta en cobro?[35]

CRISTINA

En la cocina la tengo, cubierta con un cernadero,[36] por el disimulo.[37] 5

Llama a la puerta el ESTUDIANTE CARRAOLANO, *y en llamando,*[38] *sin esperar que le respondan, entra.*

LEONARDA

Cristina, mira quién llama.

ESTUDIANTE

Señoras, soy yo, un pobre estudiante.

CRISTINA

Bien se os parece que sois pobre y estudiante, pues lo uno muestra vuestro vestido,[39] y el ser pobre vuestro atrevimiento. ¡Cosa estraña[40] es ésta, que no hay pobre que espere a que le saquen la 10 limosna a la puerta, sino que se entran en las casas hasta el último rincón, sin mirar si despiertan a quien duerme, o si no!

ESTUDIANTE

Otra más blanda respuesta esperaba yo de la buena gracia de

---

33 **hígados:** (*guts*) corresponde humorísticamente a las "entrañas" de la exclamación de Leonarda. 34 **rapar:** alusión a su oficio de barbero. 35 **en cobro:** en lugar seguro. 36 **cernadero:** lienzo grueso que se usaba en la colada. 37 **por el disimulo:** para disimular. 38 **en llamando:** inmediatamente después de llamar. 39 Los estudiantes vestían sotana y manteo (capa larga con cuello). 40 **estraño:** extraño.

vuestra merced; cuanto más que yo no quería ni buscaba otra limosna, sino alguna caballeriza[41] o pajar donde defenderme esta noche de las inclemencias del cielo, que según se me trasluce,[42] parece que con grandísimo rigor a la tierra amenazan.

LEONARDA

5 ¿Y de dónde bueno[43] sois, amigo?

ESTUDIANTE

Salmantino soy, señora mía; quiero decir, que soy de Salamanca. Iba a Roma con un tío mío, el cual murió en el camino, en el corazón[44] de Francia. Vine solo; determiné volverme a mi tierra: robáronme los lacayos o compañeros de Roque Guinarde,[45] en 10 Cataluña, porque él estaba ausente; que a estar allí, no consintiera que se me hiciera agravio, porque es muy cortés y comedido, y además limosnero.[46] Hame tomado a estas santas puertas la noche, que por tales las juzgo, y busco mi remedio.

LEONARDA

¡En verdad, Cristina, que me ha movido a lástima el estudiante!

CRISTINA

15 Ya me tiene a mí rasgadas las entrañas. Tengámosle en casa esta noche, pues de las sobras del castillo se podrá mantener el real;[47] quiero decir, que en las reliquias[48] de la canasta habrá en[49] quien adore su hambre; y más, que me ayudará a pelar la volatería[50] que viene en la cesta.

---

41 **caballeriza:** lugar donde se guardan las caballerías. 42 **traslucirse:** parecer. 43 **¿de dónde bueno?:** fórmula tradicional para preguntar de dónde viene una persona. 44 **corazón:** Nótese que hoy se diría "riñón". 45 **Roque Guinarde:** famosísimo bandolero catalán de la época de Cervantes, y que tiene destacado papel en el *Quijote,* II caps. LX-LXI. 46 **limosnero:** que de muchas limosnas. 47 **real:** alojamiento de un ejército en el campo. Cristina quiere decir, con esta expresión proverbial, que con lo que sobre de la cena de las dos mujeres y sus dos amantes, se podrá alimentar el estudiante. 48 **reliquia:** lo que queda de algo. 49 Nótese que en el Siglo de Oro el verbo *adorar* llevaba la preposición *en,* ahora lleva *a.* 50 **volatería:** conjunto de aves.

LEONARDA

Pues ¿cómo, Cristina, quieres que metamos en nuestra casa testigos de nuestras liviandades?[51]

CRISTINA

Así tiene él talle de hablar por el colodrillo,[52] como por la boca.—Venga acá, amigo: ¿sabe pelar?

ESTUDIANTE

¿Cómo si sé pelar? No entiendo eso de saber pelar, si no es que quiere vuesa merced motejarme[53] de pelón;[54] que no hay para qué, pues yo me confieso por el mayor pelón del mundo. 5

CRISTINA

No lo digo yo por eso, en mi ánima, sino por saber si sabía pelar dos o tres pares de capones.

ESTUDIANTE

Lo que sabré responder es que yo, señoras, por la gracia de Dios, soy graduado de bachiller por Salamanca, y no digo . . . 10

LEONARDA

Desa manera, ¿quién duda sino que sabrá pelar no sólo capones, sino gansos y avutardas?[55] Y en esto del guardar secreto, ¿cómo le va? Y a dicha,[56] ¿es tentado de decir todo lo que vee, imagina o siente? 15

ESTUDIANTE

Así pueden matar delante de mí más hombres que carneros en el Rastro, que yo desplegue mis labios[57] para decir palabra alguna.

---

51 **liviandad:** lascivia. 52 **hablar por el colodrillo:** quiere decir no hablar. O sea que el Estudiante tenía todas las apariencias de no ser hablador. 53 **motejar:** criticar, censurar. 54 **pelón:** muy pobre. Juego de palabras basado en el doble sentido de *pelar:* "quitar las plumas" y "dejar sin dinero". 55 **avutarda:** *bustard.* 56 **a dicha:** acaso. 57 **desplegar los labios:** abrir la boca.

CRISTINA

Pues atúrese[58] esa boca, y cósase esa lengua con una agujeta de dos cabos,[59] y amuélese[60] esos dientes, y éntrese con nosotras, y verá misterios y cenará maravillas, y podrá medir en un pajar los pies que quisiere[61] para su cama.

ESTUDIANTE

5 Con siete tendré demasiado: que no soy nada codicioso ni regalado.[62]

Entran el SACRISTÁN REPONCE *y el* BARBERO.

SACRISTÁN

¡Oh, que en hora buena estén los automedones[63] y guías de los carros de nuestros gustos, las luces de nuestras tinieblas, y las dos recíprocas voluntades que sirven de basas y colunas a la amorosa 10 fábrica de nuestros deseos!

LEONARDA

¡Esto sólo me enfada dél! Reponce mío: habla, por tu vida, a lo moderno,[64] y de modo que te entienda, y no te encarames donde no te alcance.

BARBERO

Eso tengo yo bueno, que hablo más llano que una suela de zapato; 15 pan por vino y vino por pan, o como suele decirse.[65]

---

58 **aturar:** atorar, tapar, obstruir. 59 **agujeta de dos cabos:** una correa fuerte. 60 **amolar:** afilar. 61 **medir los pies que quisiere:** ocupar todo el espacio que desease. 62 **regalado:** delicado. 63 **Automedón:** (ahora se dice Automedonte) fue el cochero de Aquiles. El lenguaje pomposo y latinizante del Sacristán es parodia del lenguaje poético de D. Luis de Góngora (1561–1627), y sus imitadores, y en general, de toda la tradición clasicista del siglo XVI. 64 **a lo moderno:** o sea, no con afectación clasicista y latinizante. 65 **o como suele decirse:** gracioso final, puesto que el Barbero acaba de decir las cosas al revés. Nótese que la forma moderna del refrán es "Al pan, pan, y al vino, vino", o sea, llamar las cosas por su nombre, hablar sin rodeos.

SACRISTÁN

Sí, que diferencia ha de haber de un sacristán gramático[66] a un barbero romancista.[67]

CRISTINA

Para lo que yo he menester a mi barbero, tanto latín sabe, y aun más, que supo Antonio de Nebrija;[68] y no se dispute agora de ciencia, ni de modos de hablar: que cada uno habla, si no como debe, a lo menos como sabe; y entrémonos, y manos a la labor, que hay mucho que hacer. 5

ESTUDIANTE

Y mucho que pelar.

SACRISTÁN

¿Quién es este buen hombre?

LEONARDA

Un pobre estudiante salamanqueso,[69] que pide albergo[70] para esta noche. 10

SACRISTÁN

Yo le daré un par de reales para cena y para lecho, y váyase con Dios.

ESTUDIANTE

Señor sacristán Reponce, recibo y agradezco la merced y la limosna; pero yo soy mudo, y pelón además, como lo ha menester esta señora doncella, que me tiene convidado; y voto a . . . de no irme 15

---

66 **gramático:** que sabe bien el latín. 67 **romancista:** que conoce sólo la lengua romance, o sea, el español. 68 **Antonio de Nebrija:** el más famoso gramático de la lengua española (1444–1522); su nombre llegó a convertir un "Antonio" en sinónimo de libro de gramática. La divertida y libre explicación de Cristina es la base de un breve cuento en el *Quijote,* I, cap. XXV. 69 **salamanqueso:** salmantino, natural de Salamanca. 70 **albergo:** albergue, alojamiento.

esta noche desta casa, si todo el mundo me lo manda. Confíese vuestra merced mucho de enhoramala de un hombre de mis prendas, que se contenta de dormir en un pajar; y si lo[71] han por sus capones, péleselos el Turco y cómanselos ellos, y nunca del cuero les salgan.[72]

BARBERO

5 Éste más parece rufián que pobre. Talle tiene de alzarse con toda la casa.

CRISTINA

No medre yo, si no me contenta el brío. Entrémonos todos, y demos orden en lo que se ha de hacer; que el pobre pelará y callará como en misa.

ESTUDIANTE

10 Y aun como en vísperas.

SACRISTÁN

Puesto me ha miedo el pobre estudiante; yo apostaré que sabe más latín que yo.

LEONARDA

De ahí le deben de nacer los bríos que tiene; pero no te pese, amigo, de hacer caridad, que vale para todas las cosas.

Éntranse todos, y sale LEONISO, *compadre de Pancracio, y* PANCRACIO.

LEONISO

15 Luego lo vi yo que nos había de faltar la rueda; no hay cochero que no sea temático;[73] si él rodeara un poco y salvara aquel barranco, ya estuviéramos dos leguas de aquí.

---

71 **lo:** se entiende el temor. 72 **nunca del cuero les salgan:** que se indigesten y exploten. 73 **temático:** maniático.

PANCRACIO

A mí no se me da nada;[74] que antes gusto de volverme y pasar esta noche con mi esposa Leonarda, que en la venta; porque la dejé esta tarde casi para espirar,[75] del sentimiento de mi partida.

LEONISO

¡Gran mujer! ¡De buena[76] os ha dado el cielo, señor compadre! Dadle gracias por ello. 5

PANCRACIO

Yo se las doy como puedo, y no como debo; no hay Lucrecia que se le llegue, ni Porcia[77] que se le iguale: la honestidad y el recogimiento han hecho en ella su morada.

LEONISO

Si la mía no fuera celosa, no tenía yo más que desear. Por esta calle está más cerca mi casa: tomad, compadre, por éstas,[78] y estaréis 10 presto en la vuestra; y veámonos mañana, que no me faltará coche para la jornada. Adiós.

PANCRACIO

Adiós. (*Éntranse los dos.*)

Vuelven a salir el SACRISTÁN *y el* BARBERO, *con sus guitarras:* LEONARDA, CRISTINA *y el* ESTUDIANTE. *Sale el* SACRISTÁN *con la sotana alzada y ceñida al cuerpo, danzando al son de su misma guitarra: y a cada cabriola,*[79] *vaya diciendo estas palabras:*

SACRISTÁN

¡Linda noche, lindo rato, linda cena y lindo amor!

---

74 **no dársele a uno nada:** no importarle nada. 75 **espirar:** expirar. 76 Entiéndase: de buena gana. 77 **Lucrecia, Porcia:** dos heroínas de la antigüedad romana, que prefirieron la muerte a la deshonestidad. 78 **éstas:** Nótese que se refiere a "calles". 79 **cabriola:** brinco.

CRISTINA

Señor sacristán Reponce, no es éste tiempo de danzar; dése orden en cenar, y en las demás cosas, y quédense las danzas para mejor coyuntura.

SACRISTÁN

¡Linda noche, lindo rato, linda cena y lindo amor!

LEONARDA

5 Déjale, Cristina; que en extremo gusto de ver su agilidad.

Llama PANCRACIO *a la puerta, y dice:*

PANCRACIO

Gente dormida, ¿no oís? ¡Cómo! ¿Y tan temprano tenéis atrancada[80] la puerta? Los recatos de mi Leonarda deben de andar por aquí.

LEONARDA

¡Ay, desdichada! A la voz y a los golpes, mi marido Pancracio es
10 éste; algo le debe de haber sucedido, pues él se vuelve. Señores, a recogerse a la carbonera:[81] digo al desván,[82] donde está el carbón.—Corre, Cristina, y llévalos; que yo entretendré a Pancracio de modo que tengas lugar para todo.

ESTUDIANTE

¡Fea noche, amargo rato, mala cena y peor amor!

CRISTINA

15 ¡Gentil[83] relente,[84] por cierto! ¡Ea, vengan todos!

---

80 **atrancar:** asegurar con una tranca (*crossbar*). 81 **carbonera:** lugar donde se guarda el carbón (*charcoal*). 82 **desván:** ático. 83 **gentil:** notable. 84 **relente:** humedad que en la noche se nota en la atmósfera.

PANCRACIO

¿Qué diablos es esto? ¿Cómo no me abrís, lirones?[85]

ESTUDIANTE

Es el toque,[86] que yo no quiero correr la suerte destos señores. Escóndanse ellos donde quisieren, y llévenme a mí al pajar, que si allí me hallan, antes pareceré pobre que adúltero.

CRISTINA

Caminen, que se hunde la casa a golpes. 5

SACRISTÁN

El alma llevo en los dientes.

BARBERO

Y yo en los carcañares.[87]

Éntranse todos y asómase LEONARDA *a la ventana.*

LEONARDA

¿Quién está ahí? ¿Quién llama?

PANCRACIO

Tu marido soy, Leonarda mía; ábreme, que ha media hora que estoy rompiendo a golpes estas puertas. 10

LEONARDA

En la voz, bien me parece a mí que oigo a mi cepo[88] Pancracio; pero la voz de un gallo se parece a la de otro gallo, y no me aseguro.

---

85 **lirón:** *dormouse.* Se dice de los que duermen mucho. 86 **ser el toque:** tratarse de. 87 **carcañar:** calcañar, talón. 88 **cepo:** *stocks, pillory.* No se trata de una errata, como han pensado algunos editores, sino de una ingeniosa imagen poética de Leonarda: Pancracio tiene preso a su amor, como el cepo al criminal. Que el amor era una prisión era una imagen corriente en la poesía amorosa de la época.

PANCRACIO

¡Oh recato inaudito de mujer prudente! Que yo soy, vida mía, tu marido Pancracio: ábreme con toda seguridad.

LEONARDA

Venga acá, yo lo veré agora. ¿Qué hice yo cuando él se partió esta tarde?

PANCRACIO

5 Suspiraste, lloraste y al cabo te desmayaste.

LEONARDA

Verdad; pero con todo esto, dígame: ¿qué señales tengo yo en uno de mis hombros?

PANCRACIO

En el izquierdo tienes un lunar[89] del grandor[90] de medio real, con tres cabellos como tres mil hebras de oro.

LEONARDA

10 Verdad; pero ¿cómo se llama la doncella de casa?

PANCRACIO

¡Ea, boba, no seas enfadosa: Cristinica se llama! ¿Qué más quieres?

LEONARDA

¡Cristinica, Cristinica, tu señor es; ábrele, niña!

CRISTINA

Ya voy, señora; que él sea muy bien venido.—¿Qué es esto, señor
15 de mi alma? ¿Qué acelerada vuelta es ésta?

---

89 **lunar:** *mole.* 90 **grandor:** tamaño.

LEONARDA

¡Ay, bien mío! Decídnoslo presto, que el temor de algún mal suceso me tiene ya sin pulsos.

PANCRACIO

No ha sido otra cosa sino que en un barranco se quebró la rueda del coche, y mi compadre y yo determinamos volvernos, y no pasar la noche en el campo; y mañana buscaremos en qué ir, pues hay tiempo. Pero ¿qué voces hay? 5

Dentro, y como de muy lejos, diga el ESTUDIANTE:

ESTUDIANTE

¡Ábranme aquí, señores; que me ahogo!

PANCRACIO

¿Es en casa o en la calle?

CRISTINA

Que me maten si no es el pobre estudiante que encerré en el pajar, para que durmiese esta noche. 10

PANCRACIO

¿Estudiante encerrado en mi casa, y en mi ausencia? ¡Malo! En verdad, señora, que si no me tuviera asegurado vuestra mucha bondad, que me causara algún recelo este encerramiento.[91] Pero ve, Cristina, y ábrele; que se le debe de haber caído toda la paja acuestas.

CRISTINA

Ya voy. (*Vase.*) 15

---

[91] **encerramiento:** encierro.

LEONARDA

Señor, que es un pobre salamanqueso, que pidió que le acogiésemos esta noche, por amor de Dios, aunque fuese en el pajar; y ya sabes mi condición, que no puedo negar nada de lo que se me pide, y encerrámosle; pero veisle aquí, y mirad cuál sale.

Sale el ESTUDIANTE *y* CRISTINA; *él lleno de paja las barbas, cabeza y vestido.*

ESTUDIANTE

5 Si yo no tuviera tanto miedo, y fuera menos escrupuloso, yo hubiera excusado el peligro de ahogarme en el pajar, y hubiera cenado mejor, y tenido más blanda y menos peligrosa cama.

PANCRACIO

Y ¿quién os había de dar, amigo, mejor cena y mejor cama?

ESTUDIANTE

¿Quién? Mi habilidad, sino que el temor de la justicia me tiene 10 atadas las manos.

PANCRACIO

¡Peligrosa habilidad debe de ser la vuestra, pues os teméis de la justicia!

ESTUDIANTE

La ciencia que aprendí en la Cueva de Salamanca, de donde yo soy natural, si se dejara usar sin miedo de la Santa Inquisición,[92] yo sé 15 que cenara y recenara[93] a costa de mis herederos; y aun quizá no estoy muy fuera de[94] usalla, siquiera por esta vez, donde la necesidad

---

92 La Inquisición tenía jurisdicción no sólo en cuestiones de pureza de la fe, sino también en todo lo tocante a magia, brujería, superstición, etc. 93 **recenar:** la recena suele ser una comida que se hace muy tarde en la noche, después de la cena. 94 **estar muy fuera de:** no tener intención de.

me fuerza y me disculpa; pero no sé yo si estas señoras serán tan secretas como yo lo he sido.

PANCRACIO

No se cure[95] dellas, amigo, sino haga lo que quisiere, que yo les haré que callen; y ya deseo en todo extremo ver alguna destas cosas que dice que se aprenden en la Cueva de Salamanca. 5

ESTUDIANTE

¿No se contentará vuestra merced con que le saque de aquí dos demonios en figuras humanas, que traigan acuestas una canasta llena de cosas fiambres y comederas?

LEONARDA

¿Demonios en mi casa y en mi presencia? ¡Jesús! Librada sea yo de lo que librarme no sé. 10

CRISTINA

El mismo diablo tiene el estudiante en el cuerpo: ¡plega a Dios que vaya a buen viento esta parva![96] Temblándome está el corazón en el pecho.

PANCRACIO

Ahora bien; si ha de ser sin peligro y sin espantos, yo me holgaré de ver esos señores demonios y a la canasta de las fiambreras; y torno a advertir, que las figuras no sean espantosas. 15

ESTUDIANTE

Digo que saldrán en figura del sacristán de la parroquia y en la de un barbero su amigo.

---

95 **curarse:** preocuparse, cuidarse. 96 **ir a buen viento esta parva:** expresión que se usa cuando se desea que todo acabe bien. La parva es mies amontonada en la tierra para trillarla.

CRISTINA

¿Mas que lo dice por el sacristán Reponce, y por maese Roque, el barbero de casa? ¡Desdichados dellos, que se han de ver convertidos en diablos!—Y dígame, hermano, ¿y éstos han de ser diablos bautizados?

ESTUDIANTE

5 ¡Gentil novedad![97] ¿Adónde diablos[98] hay diablos bautizados, o para qué se han de bautizar los diablos? Aunque podrá ser que éstos lo fuesen, porque no hay regla sin excepción; y apártense, y verán maravillas.

LEONARDA

¡Ay, sin ventura! Aquí se descose;[99] aquí salen nuestras maldades 10 a plaza;[100] aquí soy muerta.

CRISTINA

¡Ánimo, señora, que buen corazón quebranta mala ventura!

ESTUDIANTE

Vosotros, mezquinos, que en la carbonera
Hallaste amparo a vuestra desgracia,
Salid, y en los hombros, con priesa y con gracia,
15 Sacad la canasta de la fiambrera;
No me incitéis a que de otra manera
Más dura os conjure. Salid; ¿qué esperáis?
Mirad que si a dicha el salir rehusáis,
Tendrá mal suceso[101] mi nueva quimera.

20 Hora bien; yo sé cómo me tengo de hacer con estos demonicos humanos: quiero entrar allá dentro, y a solas hacer un conjuro tan

---

97 **gentil novedad:** ironía, y juego de palabras basado sobre *gentil:* "notable", y también "pagano". 98 Nótese el gracioso y muy apropiado uso de una común exclamación interrogatoria. 99 **descoserse:** *to become unsewn.* **Aquí se descose:** ahora se averigua todo. 100 **a plaza:** en público. 101 **suceso:** éxito.

fuerte, que los haga salir más que de paso;[102] aunque la calidad destos demonios, más está en sabellos aconsejar que en conjurallos.

Éntrase el ESTUDIANTE.

PANCRACIO

Yo digo que si éste sale con lo que ha dicho, que será la cosa más nueva y más rara que se haya visto en el mundo.

LEONARDA

Sí saldrá, ¿quién lo duda? Pues ¿habíanos de engañar? 5

CRISTINA

Ruido anda[103] allá dentro; yo apostaré que los saca; pero vee aquí do vuelve con los demonios y el apatusco[104] de la canasta.

Salen el ESTUDIANTE, *el* SACRISTÁN *y el* BARBERO.

LEONARDA

¡Jesús! ¡Qué parecidos son los de la carga al sacristán Reponce y al barbero de la plazuela![105]

CRISTINA

Mirá,[106] señora, que donde hay demonios no se ha de decir Jesús. 10

SACRISTÁN

Digan lo que quisieren; que nosotros somos como los perros del herrero, que dormimos al son de las martilladas:[107] ninguna cosa nos espanta ni turba.

---

102 **de paso:** de prisa. 103 **andar:** aquí haber. 104 **apatusco:** conjunto de objetos que adornan algo. 105 **plazuela:** diminutivo de *plaza*. 106 **mirá:** pronunciación vulgar del imperativo *mirad*. 107 **Los perros . . . las martilladas:** expresión popular que indica que uno está muy acostumbrado a algo.

LEONARDA

Lléguense a que yo coma de lo que viene de la canasta, no tomen menos.[108]

ESTUDIANTE

Yo haré la salva[109] y comenzaré por el vino. (*Bebe.*) Bueno es: ¿es de Esquivias, señor sacridiablo?[110]

SACRISTÁN

5 De Esquivias es, juro a . . .

ESTUDIANTE

Téngase, por vida suya, y no pase adelante. ¡Amiguito soy yo de diablos juradores! Demonico, demonico, aquí no venimos a hacer pecados mortales, sino a pasar una hora de pasatiempo, y cenar, y[111] irnos con Cristo.

CRISTINA

10 ¿Y éstos, han de cenar con nosotros?

PANCRACIO

Sí, que los diablos no comen.

BARBERO

Sí comen algunos, pero no todos; y nosotros somos de los que comen.

CRISTINA

¡Ay, señores! Quédense acá los pobres diablos, pues han traído
15 la cena; que sería poca cortesía dejarlos ir muertos de hambre, y parecen diablos muy honrados y muy hombres de bien.

---

108 **tomar menos:** Nótese que hoy se diría *tomar a menos,* rechazar algo, en especial, una invitación. 109 **hacer la salva:** beber o comer algo antes que los demás. 110 **sacridiablo:** gracioso híbrido, sacristán + diablo. 111 **y:** Nótese que por eufonía, hoy se diría *e*.

LEONARDA

Como no nos espanten, y si mi marido gusta, quédense en buen hora.

PANCRACIO

Queden; que quiero ver lo que nunca he visto.

BARBERO

Nuestro Señor pague a vuestras mercedes la buena obra, señores míos. 5

CRISTINA

¡Ay, qué bien criados, qué corteses! Nunca medre yo, si todos los diablos son como éstos, si no han de ser mis amigos de aquí adelante.

SACRISTÁN

Oigan, pues, para que se enamoren de veras.

Toca el SACRISTÁN, *y canta; y ayúdale el* BARBERO *con el último verso no más.*

Oigan los que poco saben
Lo que con mi lengua franca 10
Digo del bien que en sí tiene
La Cueva de Salamanca.

Oigan lo que dejó escrito
Della el Bachiller Tudanca
En el cuero de una yegua 15
Que dicen que fue potranca,[112]
En la parte de la piel
Que confina con el anca,
Poniendo sobre las nubes
La Cueva de Salamanca. 20

---

[112] **potranca:** yegua joven.

En ella estudian los ricos
Y los que no tienen blanca,[113]
Y sale entera y rolliza[114]
La memoria que está manca.[115]
5 Siéntanse los que allí enseñan
De alquitrán[116] en una banca,
Porque estas bombas[117] encierra
La Cueva de Salamanca.

En ella se hacen discretos
10 Los moros de la Palanca;[118]
Y el estudiante más burdo
Ciencias de su pecho arranca.
A los que estudian en ella,
Ninguna cosa les manca;[119]
15 Viva pues, siglos eternos
La Cueva de Salamanca.

Y nuestro conjurador,
Si es a dicha de Loranca,[120]
Tenga en ella cien mil vides
20 De uva tinta y de uva blanca;
Y al diablo que le acusare,
Que le den con una tranca,
Y para el tal jamás sirva
La Cueva de Salamanca.

CRISTINA

25 Basta; ¿que también los diablos son poetas?

BARBERO

Y aun todos los poetas son diablos.[121]

---

113 **blanca:** moneda de muy poco valor. 114 **rollizo:** robusto y grueso. 115 **manco:** defectuoso. 116 **alquitrán:** *tar, pitch.* 117 **bomba:** se solían usar, en la guerra, bombas de alquitrán. 118 **Palanca:** territorio del Africa occidental. 119 **mancar:** faltar, en germanía. 120 **Loranca:** Hay dos pueblos de tal nombre, uno en la provincia de Cuenca, y otro en la de Guadalajara. 121 **los poetas son diablos:** fácil sátira, en una época en que todo el mundo escribía y publicaba versos.

PANCRACIO

Dígame, señor mío, pues los diablos lo saben todo, ¿dónde se inventaron todos estos bailes de las *Zarabandas, Zambapalo y Dello me pesa,* con el famoso del nuevo *Escarramán*?[122]

BARBERO

¿Adónde? En el infierno; allí tuvieron su origen y principio.

PANCRACIO

Yo así lo creo. 5

LEONARDA

Pues, en verdad, que tengo yo mis puntas y collar escarramanesco;[123] sino que por mi honestidad, y por guardar el decoro a quien soy, no me atrevo a bailarle.

SACRISTÁN

Con cuatro mudanzas que yo le enseñase a vuestra merced cada día en una semana, saldría única en el baile; que sé que le falta bien 10 poco.

ESTUDIANTE

Todo se andará;[124] por agora entrémonos a cenar, que es lo que importa.

PANCRACIO

Entremos; que quiero averiguar si los diablos comen o no, con otras cien mil cosas que dellos cuentan; y por Dios, que no han de 15 salir de mi casa hasta que me dejen enseñado en la ciencia y ciencias que se enseñan en la Cueva de Salamanca.

---

122 Son todos bailes de moda, que ya se mencionaron en *El rufián viudo.* 123 **escarramanesco:** quiere decir, de poder bailar el nuevo baile del Escarramán, que tiene que haber sido muy lascivo por lo que se dice de inmediato. 124 **todo se andará:** expresión para pedir paciencia.

PREGUNTAS

1. ¿Cuál es la situación al comenzar el entremés, y cuáles son las actitudes respectivas de Pancracio, Leonarda y Cristina?
2. Explique el título de la obra, y su relación con el argumento.
3. ¿Cómo se introduce el tema de la magia? ¿Cómo afecta esto al desenlace de la obra?
4. Compare y contraste al Barbero y al Sacristán.
5. Describa los preparativos que habían hecho las mujeres para recibir a sus amantes.
6. ¿Por qué cree Vd. que el Estudiante actuó en la forma en que lo hizo?
7. ¿Quién o quiénes son las personas engañadas en esta obra?
8. Recoja y describa los elementos de sátira literaria que hay en esta obra.
9. Compare y contraste al Barbero y al Sacristán de este entremés con los barberos y sacristanes que salen en los demás entremeses.
10. ¿Cuál es el personaje mejor dibujado de esta obra, y por qué?

VIII

EL VIEJO CELOSO[1]

Salen DOÑA LORENZA, *y* CRISTINA, *su criada, y* ORTIGOSA, *su vecina.*

DOÑA LORENZA

Milagro ha sido éste, señora Ortigosa, el no haber dado la vuelta a la llave mi duelo, mi yugo y mi desesperación; éste es el primero día, después que me casé con él, que hablo con persona de fuera de casa; que fuera le vea yo desta vida a él y a quien con él me casó.

ORTIGOSA

Ande, mi señora doña Lorenza, no se queje tanto; que con una caldera[2] vieja se compra otra nueva. 5

DOÑA LORENZA

Y aun con esos y otros semejantes villancicos[3] o refranes me engañaron a mí; que malditos sean sus[4] dineros, fuera de las cruces;[5]

---

1 En muchos sentidos esta entremés es el equivalente dramático de la novela ejemplar *El celoso extremeño,* pero la intención y el desenlace son muy distintos. De todas maneras, es muy importante, para aproximarse a la complejidad del arte cervantino, la comparación de ambas obras. Véase la Introducción. 2 **caldera:** vasija de metal. Como observa Doña Lorenza, se trata aquí de un refrán que subraya la igualdad fundamental de las cosas o personas. 3 **villancico:** en sentido estricto, una canción popular de tema religioso que se canta en Navidad, pero Doña Lorenza lo usa como sinónimo de refrán. 4 **sus:** Nótese que se refiere a su marido, quien todavía permanece sin nombrar. 5 **fuera de las cruces:** con excepción de las cruces que llevaban grabadas las monedas españolas.

malditas sus joyas, malditas sus galas, y maldito todo cuanto me da y promete. ¿De qué me sirve a mí todo aquesto, si en mitad de la riqueza estoy pobre, y en medio de la abundancia, con hambre?

CRISTINA

En verdad, señora tía, que tienes razón; que más quisiera yo andar
5 con un trapo atrás y otro adelante, y tener un marido mozo, que verme casada y enlodada[6] con ese viejo podrido que tomaste por esposo.

DOÑA LORENZA

¿Yo le tomé, sobrina? A la fe,[7] diómele quien pudo; y yo, como muchacha, fuí más presta al obedecer que al contradecir; pero si yo
10 tuviera tanta experiencia destas cosas, antes me tarazara[8] la lengua con los dientes que pronunciar aquel sí, que se pronuncia con dos letras y da que llorar dos mil años; pero yo imagino que no fue otra cosa sino que había de ser ésta, y que las que han de suceder forzosamente, no hay prevención ni diligencia humana que las prevenga.

CRISTINA

15 ¡Jesús, y del mal viejo![9] Toda la noche: "Daca[10] el orinal,[11] toma el orinal; levántate, Cristinica, y caliéntame unos paños, que me muero de la ijada; dame aquellos juncos,[12] que me fatiga la piedra."[13] Con más ungüentos y medicinas en el aposento que si fuera una botica; y yo, que apenas sé vestirme, tengo de servirle de enfermera.
20 ¡Pux, pux, pux, viejo clueco,[14] tan potroso[15] como celoso, y el más celoso del mundo!

DOÑA LORENZA

Dice la verdad mi sobrina.

---

6 **enlodado:** lleno de lodo. 7 **a la fe:** lo mismo que *a fe*. 8 **tarazar:** morder. 9 **Jesús, y del mal viejo:** Nótese que "Jesús" es exclamación normal no mas expletiva que "*gosh*". 10 **daca:** da acá. 11 **orinal:** vasija para orinar. 12 **junco:** quizá usado como sonda (*catheter*). 13 **piedra:** "*stone*", en sentido médico. 14 **clueco:** muy débil. 15 **potroso:** lleno de potras.

CRISTINA

¡Pluguiera a Dios que nunca yo la dijera en esto!

ORTIGOSA

Ahora bien, señora doña Lorenza; vuestra merced haga lo que le tengo aconsejado, y verá cómo se halla muy bien con mi consejo. El mozo es como un ginjo verde; quiere bien, sabe callar y agradecer lo que por él se hace; y pues los celos y el recato del viejo no nos dan lugar a demandas ni a respuestas, resolución y buen ánimo: que, por la orden que hemos dado,[16] yo le pondré al galán en su aposento de vuestra merced y le sacaré, si bien tuviese el viejo más ojos que Argos,[17] y viese más que un zahorí,[18] que dicen que vee siete estados[19] debajo de la tierra.

DOÑA LORENZA

Como soy primeriza,[20] estoy temerosa, y no querría, a trueco del gusto, poner a riesgo la honra.

CRISTINA

Eso me parece, señora tía, a lo del cantar de Gómez Arias:[21]

Señor Gómez Arias,
Doleos de mí;
Soy niña y muchacha,
Nunca en tal me vi.

DOÑA LORENZA

Algún espíritu malo debe de hablar en ti, sobrina, según las cosas que dices.

---

16 **la orden que hemos dado:** el plan que hemos hecho. 17 **Argos:** personaje mitológico que tenía cien ojos. 18 **zahorí:** persona que se supone puede ver debajo de tierra. 19 **estado:** medida equivalente a la estatura de un hombre normal. 20 **primerizo:** que hace por primera vez una cosa. 21 **cantar de Gómez Arias:** canción tradicional, del siglo XIV, muy citada en el Siglo de Oro, y que inspiró obras dramáticas.

CRISTINA

Yo no sé quién habla; pero yo sé que haría todo aquello que la señora Ortigosa ha dicho, sin faltar punto.

DOÑA LORENZA

¿Y la honra, sobrina?

CRISTINA

¿Y el holgarnos, tía?

DOÑA LORENZA

5 ¿Y si se sabe?

CRISTINA

¿Y si no se sabe?

DOÑA LORENZA

Y ¿quién me asegurará a mí que no se sepa?

ORTIGOSA

¿Quién? La buena diligencia, la sagacidad,[22] la industria;[23] y, sobre todo, el buen ánimo y mis trazas.

CRISTINA

10 Mire, señora Ortigosa, tráyanosle[24] galán, limpio, desenvuelto, un poco atrevido, y sobre todo, mozo.

ORTIGOSA

Todas esas partes tiene el que he propuesto, y otras dos más, que es rico y liberal.

---

22 **sagacidad:** calidad de ser sagaz. 23 **industria:** habilidad para hacer una cosa. 24 **tráyanosle:** forma antigua de *tráiganosle.*

DOÑA LORENZA

Que no quiero riquezas, señora Ortigosa; que me sobran las joyas, y me ponen en confusión las diferencias de colores de mis muchos vestidos; hasta eso no tengo que desear, que Dios le dé salud a Cañizares;[25] más vestida me tiene que un palmito, y con más joyas que la vedriera[26] de un platero rico. No me clavara[27] él las ventanas, 5 cerrara las puertas, visitara a todas horas la casa, desterrara della los gatos y los perros, solamente porque tienen nombre de varón; que, a trueco de que no hiciera esto y otras cosas no vistas en materia de recato, yo le perdonara sus dádivas y mercedes.

ORTIGOSA

¿Que tan celoso es? 10

DOÑA LORENZA

¡Digo! Que le vendían el otro día una tapicería[28] a bonísimo precio, y por ser de figuras[29] no la quiso, y compró otra de verduras,[30] por mayor precio, aunque no era tan buena. Siete puertas hay antes que se llegue a mi aposento, fuera de la puerta de la calle, y todas se cierran con llave; y las llaves no me ha sido posible averiguar dónde 15 las esconde de noche.

CRISTINA

Tía, la llave de loba[31] creo que se la pone entre las faldas[32] de la camisa.[33]

DOÑA LORENZA

No lo creas, sobrina; que yo duermo con él, y jamás le he visto ni sentido que tenga llave alguna. 20

---

25 **Cañizares:** por fin se nombra al marido. El marido en *El celoso extremeño* se llama Carrizales. 26 **vedriera:** vidriera. 27 **clavar:** cerrar con clavos. 28 **tapicería:** tapiz. 29 **de figuras:** o sea, con figuras humanas. 30 **de verduras:** o sea, con plantas y flores. 31 **llave de loba:** llave maestra, (*passkey*). 32 **falda:** parte inferior de la camisa. 33 **camisa:** se solía dormir con la camisa puesta.

CRISTINA

Y más, que toda la noche anda como trasgo[34] por toda la casa; y si acaso[35] dan alguna música en la calle, les tira de pedradas[36] porque se vayan: es un malo, es un brujo, es un viejo, que no tengo más que decir.

DOÑA LORENZA

5 Señora Ortigosa, váyase, no venga el gruñidor[37] y la halle conmigo, que sería echarlo a perder[38] todo; y lo que ha de hacer, hágalo luego; que estoy tan aburrida, que no me falta sino echarme una soga al cuello, por salir de tan mala vida.

ORTIGOSA

Quizá con ésta que ahora se comenzará, se le quitará toda esa mala 10 gana[39] y le vendrá otra más saludable y que más la contente.

CRISTINA

Así suceda, aunque me costase a mí un dedo de la mano; que quiero mucho a mi señora tía, y me muero de verla tan pensativa y angustiada en poder deste viejo y reviejo, y más que viejo; y no me puedo hartar de decille viejo.

DOÑA LORENZA

15 Pues en verdad que te quiere bien, Cristina.

CRISTINA

¿Deja por eso de ser viejo? Cuanto más, que yo he oído decir que siempre los viejos son amigos de niñas.

ORTIGOSA

Así es la verdad, Cristina, y adiós, que en acabando[40] de comer,

---

34 **trasgo:** fantasma. 35 **acaso:** por casualidad. 36 **pedrada:** acción de arrojar una piedra. 37 **gruñidor:** persona o animal que gruñe. 38 **echar a perder:** arruinar. 39 **mala gana:** fastidio. 40 **en acabando:** inmediatamente después de acabar.

doy la vuelta. Vuestra merced esté muy en[41] lo que dejamos concertado, y verá cómo salimos y entramos bien en ello.

CRISTINA

Señora Ortigosa, hágame merced de traerme a mí un frailecico pequeñito, con quien yo me huelgue.

ORTIGOSA

Yo se le traeré a la niña pintado.[42] 5

CRISTINA

¡Que no le quiero pintado, sino vivo, vivo, chiquito, como unas perlas!

DOÑA LORENZA

¿Y si lo vee tío?[43]

CRISTINA

Diréle yo que es un duende, y tendrá dél miedo, y holgaréme yo.

ORTIGOSA

Digo que yo le trairé, y adiós. (*Vase.*) 10

CRISTINA

Mire, tía: si Ortigosa trae al galán y a mi frailecico, y si señor los viere, no tenemos más que hacer, sino cogerle entre todos y ahogarle, y echarle en el pozo o enterrarle en la caballeriza.

DOÑA LORENZA

Tal eres tú,[44] que creo lo harías mejor que lo dices.

---

41 **estar en:** pensar. 42 **pintado:** muy a propósito. 43 Nótese que tío, como señor, más abajo, y como otros títulos de respeto en la casa, se solían usar sin artículo. 44 **ser uno tal:** ser una persona de tal tipo o clase.

CRISTINA

Pues no sea el viejo celoso, y déjenos vivir en paz, pues no le hacemos mal alguno, y vivimos como unas santas. (*Éntranse.*)

Entran CAÑIZARES, *viejo, y un* COMPADRE *suyo.*

CAÑIZARES

Señor compadre, señor compadre: el setentón[45] que se casa con quince,[46] o carece de entendimiento, o tiene gana de visitar el otro
5 mundo lo más presto que le sea posible. Apenas me casé con doña Lorencica, pensando tener en ella compañía y regalo, y persona que se hallase en mi cabecera, y me cerrase los ojos al tiempo de mi muerte, cuando me embistieron una turba multa[47] de trabajos y desasosiegos;[48] tenía casa, y busqué casar; estaba posado, y despo-
10 séme.[49]

COMPADRE

Compadre, error fue, pero no muy grande; porque según el dicho del Apóstol,[50] mejor es casarse que abrasarse.

CAÑIZARES

¡Qué no había que abrasar en mí, señor compadre, que con la menor llamarada[51] quedara hecho ceniza! Compañía quise, com-
15 pañía busqué, compañía hallé; pero Dios lo remedie, por quien Él es.

COMPADRE

¿Tiene celos, señor compadre?

---

45 **setentón:** hombre que tiene alrededor de los setenta años. 46 **quince:** niña de quince años. 47 **turba multa:** turbamulta, multitud confusa y desordenada. 48 **desasosiego:** falta de sosiego. 49 **casa-casar, posado-desposéme:** juegos de palabras de sentido evidente. 50 **el Apóstol:** San Pablo, I Corintios, VII: 9. 51 **llamarada:** llama que se levanta del fuego y se apaga pronto.

CAÑIZARES

Del sol que mira a Lorencita, del aire que le toca, de las faldas que la vapulan.[52]

COMPADRE

¿Dale ocasión?

CAÑIZARES

Ni por pienso,[53] ni tiene por qué, ni cómo, ni cuándo, ni adónde: las ventanas, amén de estar con llave, las guarnecen[54] rejas y celosías; las puertas, jamás se abren: vecina[55] no atraviesa mis umbrales, ni los atravesará mientras Dios me diere vida. Mirad, compadre: no les vienen los malos aires a las mujeres de ir a los jubileos ni a las procesiones, ni a todos los actos de regocijos públicos; donde ellas se mancan, donde ellas se estropean, y adonde ellas se dañan, es en casa de las vecinas y de las amigas; más maldades encubre una mala amiga, que la capa de la noche; más conciertos se hacen en su casa y más se concluyen, que en una asamblea.[56]

COMPADRE

Yo así lo creo; pero, si la señora doña Lorenza no sale de casa, ni nadie entra en la suya, ¿de qué vive descontento mi compadre?

CAÑIZARES

De que no pasará mucho tiempo en que no caya[57] Lorencica en lo que le falta; que será un mal caso, y tan malo, que en sólo pensallo le temo, y de temerle me desespero, y de desesperarme vivo con disgusto.

COMPADRE

Y con razón se puede tener ese temor, porque las mujeres querrían gozar enteros los frutos del matrimonio.

---

52 **vapular:** literalmente, azotar; en este caso, tocar en las piernas. 53 **ni por pienso:** de ninguna manera, no en absoluto. 54 **guarnecer:** guardar. 55 **vecina:** Nótese que el sustantivo va sin artículo para hacerlo muy general. 56 **asamblea:** reunión política. 57 **caya:** forma antigua de *caiga*.

CAÑIZARES

La mía los goza doblados.[58]

COMPADRE

Ahí está el daño, señor compadre.

CAÑIZARES

No, no, ni por pienso; porque es más simple Lorencica que una paloma, y hasta agora no entiende nada desas filaterías;[59] y adiós,
5 señor compadre, que me quiero entrar en casa.

COMPADRE

Yo quiero entrar allá, y ver a mi señora doña Lorenza.

CAÑIZARES

Habéis de saber, compadre, que los antiguos latinos usaban de un refrán que decía: *Amicus usque ad aras,* que quiere decir: "El amigo, hasta el altar"; infiriendo que el amigo ha de hacer por su amigo todo
10 aquello que no fuere contra Dios; y yo digo que mi amigo *usque ad portam,* hasta la puerta; que ninguno ha de pasar mis quicios;[60] y adiós, señor compadre, y perdóneme. (*Éntrase.*)

COMPADRE

En mi vida he visto hombre más recatado, ni más celoso, ni más impertinente; pero éste es de aquellos que traen la soga arrastran-
15 do[61] y de los que siempre vienen a morir del mal que temen. (*Éntrase.*)

Salen DOÑA LORENZA *y* CRISTINA.

CRISTINA

Tía, mucho tarda tío, y más tarda Ortigosa.

---

58 **doblado:** juego de palabras indecente. 59 **filatería:** complicación. 60 **quicio:** parte de la puerta unida al marco. 61 **traer la soga arrastrando:** llevar arrastrando la soga con que se morirá ahorcado; se dice de la persona cuya propia preocupación causará su ruina.

DOÑA LORENZA

Mas que nunca él acá viniese, ni ella tampoco, porque él me enfada, y ella me tiene confusa.

CRISTINA

Todo es probar, señora tía; y cuando no saliere bien, darle del codo.[62]

DOÑA LORENZA

¡Ay, sobrina! Que estas cosas, o yo sé poco, o sé que todo el daño está en probarlas. 5

CRISTINA

A fe, señora tía, que tiene poco ánimo, y que si yo fuera de su edad, que no me espantaran hombres armados.

DOÑA LORENZA

Otra vez torno a decir, y diré cien mil veces, que Satanás habla en tu boca; mas ¡ay! ¿cómo se ha entrado señor? 10

CRISTINA

Debe de haber abierto con la llave maestra.

DOÑA LORENZA

Encomiendo yo al diablo sus maestrías y sus llaves.[63]

Entra CAÑIZARES.

CAÑIZARES

¿Con quién hablábades,[64] doña Lorenza?

---

62 **dar del codo:** pegar con el codo, abandonar, rechazar algo. 63 **maestría, llave:** juego de palabras con "llave maestra". 64 **hablábades:** forma antigua de *hablabáis.*

DOÑA LORENZA

Con Cristinica hablaba.

CAÑIZARES

Miradlo bien, doña Lorenza.

DOÑA LORENZA

Digo que hablaba con Cristinica: ¿con quién había de hablar? ¿Tengo yo, por ventura, con quién?

CAÑIZARES

5 No querría que tuviésedes[65] algún soliloquio con vos misma, que redundase en mi perjuicio.

DOÑA LORENZA

Ni entiendo esos circunloquios[66] que decís, ni aun los quiero entender, y tengamos la fiesta en paz.[67]

CAÑIZARES

Ni aun las vísperas[68] no querría yo tener en guerra con vos; pero 10 ¿quién llama a aquella puerta con tanta priesa? Mira, Cristinica, quién es, si es pobre, dale limosna y despídele.

CRISTINA

¿Quién está ahí?

ORTIGOSA

La vecina Ortigosa es, señora Cristina.

CAÑIZARES

¿Ortigosa y vecina?—Dios sea conmigo. Pregúntale, Cristina,

---

65 **tuviésedes:** forma antigua de *tuvieseis*. 66 **circunloquio:** rodeo. 67 **tener la fiesta en paz:** se dice cuando se quiere evitar una discusión o riña. 68 **víspera:** Nótese que se refiere a "fiesta".

lo que quiere, y dáselo, con condición que no atraviese esos umbrales.

CRISTINA

¿Y qué quiere, señora vecina?

CAÑIZARES

El nombre de vecina me turba y sobresalta: llámala por su propio nombre, Cristina. 5

CRISTINA

Responda: ¿y qué quiere, señora Ortigosa?

ORTIGOSA

Al señor Cañizares quiero suplicar un poco, en que me va la honra, la vida y el alma.

CAÑIZARES

Decidle, sobrina, a esa señora, que a mí me va todo eso y más en que no entre acá dentro. 10

DOÑA LORENZA

¡Jesús, y qué condición tan extravagante! ¿Aquí no estoy delante de vos? ¿Hanme de comer de ojo? ¿Hanme de llevar por los aires?

CAÑIZARES

Entre con cien mil Bercebuyes,[69] pues vos lo queréis.

CRISTINA

Entre, señora vecina. 15

69 **Bercebuyes:** plural de Bercebú, forma antigua de Belcebú (*Beelzebub*), el diablo.

CAÑIZARES

¡Nombre fatal para mí es el de vecina!

Entra ORTIGOSA, *y tray*[70] *un guadamecí,*[71] *y en las pieles de las cuatro esquinas han de venir pintados Rodamonte, Mandricardo, Rugero y Gradaso:*[72] *y Rodamonte venga pintado como arrebozado.*[73]

ORTIGOSA

Señor mío de mi alma, movida y incitada de la buena fama de vuestra merced, de su gran caridad y de sus muchas limosnas, me he atrevido de venir a suplicar a vuestra merced me haga tanta merced,
5 caridad y limosna y buena obra de comprarme este guadamecí, porque tengo un hijo preso por unas heridas que dio a un tundidor,[74] y ha mandado la Justicia que declare el cirujano, y no tengo con qué pagalle, y corre peligro no le echen otros embargos,[75] que podrían ser muchos, a causa que es muy travieso mi hijo; y querría echarle
10 hoy o mañana, si fuese posible, de la cárcel. La obra[76] es buena, el guadamecí nuevo, y con todo eso, le daré por lo que vuestra merced quisiere darme por él, que en más está la monta,[77] y como esas cosas he perdido yo en esta vida. Tenga vuestra merced desa punta, señora mía, y descojámosle,[78] porque no vea el señor Cañizares
15 que hay engaño en mis palabras; alce más, señora mía, y mire cómo es bueno de caída[79] y las pinturas de los cuadros parece que están vivas.

Al alzar y mostrar el guadamecí, entra por detrás dél un GALÁN*; y como* CAÑIZARES *ve los retratos, dice:*

---

[70] **tray**: forma vulgar de *trae*. [71] **guadamecí**: cuero adornado con dibujos de pintura o relieve. [72] **Rodamonte, Mandricardo, Rugero, Gradaso**: personajes del poema caballeresco italiano *Orlando Furioso* de Ariosto (1474–1533), leidísimo en aquella época y que Don Quijote conocía muy bien (ver, por ejemplo, I cap. XXV). [73] **arrebozado**: con el rostro cubierto con la capa. [74] **tundidor**: el que tiene el oficio de tundir, o sea cortar el pelo de los paños. [75] **embargo**: en el sentido legal. [76] **la obra**: o sea, la labor, no el material. [77] **la monta**: la suma de dinero que puede valer algo. Ortigosa quiere decir que la importancia del caso no está en el dinero. [78] **descoger**: desplegar. [79] **de caída**: de largo.

CAÑIZARES

¡Oh, qué lindo Rodamonte! ¿Y qué quiere el señor rebozadito en mi casa? Aun si supiese que tan amigo soy yo destas cosas y destos rebocitos, espantarse ía.[80]

CRISTINA

Señor tío, yo no sé nada de rebozados; y si él ha entrado en casa, la señora Ortigosa tiene la culpa; que a mí, el diablo me lleve si dije ni hice nada para que él entrase; no, en mi conciencia, aun el diablo sería[81] si me señor tío me echase a mí la culpa de su entrada.

CAÑIZARES

Ya yo lo veo, sobrina, que la señora Ortigosa tiene la culpa; pero no hay de qué maravillarme, porque ella no sabe mi condición, ni cuán enemigo soy de aquestas pinturas.

DOÑA LORENZA

Por las pinturas lo dice, Cristinica, y no por otra cosa.

CRISTINA[82]

Pues por ésas digo yo. ¡Ay, Dios sea conmigo! Vuelto se me ha el ánima al cuerpo, que ya andaba por los aires.

DOÑA LORENZA

Quemado vea yo ese pico[83] de once varas: en fin, quien con muchachos se acuesta, etc.[84]

CRISTINA

¡Ay, desgraciada, y en qué peligro pudiera haber puesto toda esta baraja![85]

---

80 **espantarse ía:** Nótese que el orden moderno es espantar + ía + se. 81 **el diablo sería:** sería cosa del diablo. 82 Desde aquí hasta que habla Cañizares todo es un aparte entre tía y sobrina. 83 **pico:** boca. 84 El refrán completo dice "Quien con muchachos se acuesta, mojado se levanta." Se dice cuando no se han tomado precauciones apropiadas, o se han tomado muy pocas. 85 **baraja:** lío, enredo.

CAÑIZARES

Señora Ortigosa, yo no soy amigo de figuras rebozadas ni por rebozar; tome este doblón, con el cual podrá remediar su necesidad, y váyase de mi casa lo más presto que pudiere, y ha de ser luego, y llévese su guadamecí.

ORTIGOSA

5 Viva vuestra merced más años que Matute[86] el de Jerusalén, en vida[87] de mi señora doña . . . no sé cómo se llama, a quien suplico me mande, que la serviré de noche y de día, con la vida y con el alma, que la debe de tener ella como la de una tortolica[88] simple.

CAÑIZARES

Señora Ortigosa, abrevie y váyase, y no se esté agora juzgando
10 almas ajenas.

ORTIGOSA

Si vuestra merced hubiere menester algún pegadillo[89] para la madre,[90] téngolos milagrosos, y si para mal[91] de muelas, sé unas palabras que quitan el dolor como con la mano.[92]

CAÑIZARES

Abrevie, señora Ortigosa; que doña Lorenza, ni tiene madre, ni
15 dolor de muelas; que todas las tiene sanas y enteras, que en su vida se ha sacado muela alguna.

ORTIGOSA

Ella se las sacará, placiendo al cielo, porque le dará muchos años de vida; y la vejez es la total destruición[93] de la dentadura.[94]

---

86 **Matute:** viejo apellido castellano que Ortigosa confunde graciosamente con Matusalén (*Methuselah*). Pero, al mismo tiempo, hay un inconsciente juego de palabras por parte de ella, porque "matute" es introducir géneros de contrabando, que es, precisamente, lo que acaba de hacer Ortigosa. 87 **en vida:** que la mujer siga en vida todos los años del marido. 88 **tortolica:** diminutivo de tórtola. 89 **pegadillo:** parche. 90 **madre:** matriz. 91 **mal:** dolor. 92 **como con la mano:** con mucha facilidad. 93 **destruición:** destrucción. 94 **dentadura:** los dientes.

CAÑIZARES

¡Aquí de Dios![95] ¿Que no será posible que me deje esta vecina? ¡Ortigosa, o diablo, o vecina, o lo que eres, vete con Dios y déjame en mi casa!

ORTIGOSA

Justa es la demanda, y vuestra merced no se enoje, que ya me voy. (*Vase.*) 5

CAÑIZARES

¡Oh, vecinas, vecinas! Escaldado[96] quedo aun de las buenas palabras desta vecina, por haber salido por boca de vecina.

DOÑA LORENZA

Digo que tenéis condición de bárbaro y de salvaje; y ¿qué ha dicho esta vecina para que quedéis con la ojeriza[97] contra ella? Todas vuestras buenas obras las hacéis en pecado mortal: dístesle dos docenas 10 de reales, acompañados con otras dos docenas de injurias, boca de lobo, lengua de escorpión y silo de malicias.

CAÑIZARES

No, no, a mal viento va esta parva; no me parece bien que volváis[98] tanto por vuestra vecina.

CRISTINA

Señora tía, éntrese allá dentro y desenójese,[99] y deje a tío, que pare- 15 ce que está enojado.

DOÑA LORENZA

Así lo haré, sobrina; y aun quizá no me verá la cara en estas dos horas; y a fe que yo se la dé a beber,[100] por más que la rehuse. (*Éntrase.*)

---

95 Entiéndase: ¡aquí la ayuda de Dios! 96 **escaldado:** receloso. 97 **ojeriza:** mala voluntad. 98 **volver por alguien:** defenderle. 99 **desenojarse:** dejar el enojo. 100 **dársela a beber, por más que la rehuse:** como se hace a los niños con las purgas (*laxatives*).

CRISTINA

Tío, ¿no ve cómo ha cerrado de golpe?[101] Y creo que va a buscar una tranca para asegurar la puerta.

DOÑA LORENZA

(*Por dentro.*) ¿Cristinica? ¿Cristinica?

CRISTINA

¿Qué quiere, tía?

DOÑA LORENZA

5 ¡Si supieses qué galán me ha deparado la buena suerte! Mozo, bien dispuesto, pelinegro[102] y que le huele la boca a mil azahares.

CRISTINA

¡Jesús, y qué locuras y qué niñerías! ¿Está loca, tía?

DOÑA LORENZA

No estoy sino en todo mi juicio; y en verdad que si le vieses, que se te alegrase el alma.

CRISTINA

10 ¡Jesús, y qué locuras y qué niñerías! Ríñala, tío, porque no se atreva, ni aun burlando, a decir deshonestidades.

CAÑIZARES

¿Bobeas,[103] Lorenza? Pues a fe que no estoy yo de gracia[104] para sufrir esas burlas.

DOÑA LORENZA

Que no son sino veras, y tan veras, que en este género no pueden 15 ser mayores.

---

101 **de golpe:** con la cerradura de golpe. 102 **pelinegro:** de pelo negro. 103 **bobear:** decir cosas de bobo. 104 **estar de gracia:** estar de humor.

CRISTINA

¡Jesús, y qué locuras y qué niñerías! Y dígame, tía, ¿está ahí también mi frailecito?

DOÑA LORENZA

No, sobrina; pero otra vez vendrá, si quiere Ortigosa la vecina.

CAÑIZARES

Lorenza, di lo que quisieres, pero no tomes en tu boca[105] el nombre de vecina, que me tiemblan las carnes en oírle. 5

DOÑA LORENZA

También me tiemblan a mí por amor de la vecina.

CRISTINA

¡Jesús, y qué locuras y qué niñerías!

DOÑA LORENZA

Ahora echo de ver quién eres, viejo maldito, que hasta aquí he vivido engañada contigo.

CRISTINA

Ríñala, tío, ríñala, tío; que se desvergüenza[106] mucho. 10

DOÑA LORENZA

Lavar quiero a un galán las pocas barbas que tiene con una bacía[107] llena de agua de ángeles,[108] porque su cara es como la de un ángel pintado.

CRISTINA

¡Jesús, y qué locuras y qué niñerías! Despedácela, tío.

---

105 **tomar en la boca:** nombrar. 106 **desvergonzarse:** perder la vergüenza. 107 **bacía:** vasija. 108 **agua de ángeles:** agua perfumada.

CAÑIZARES

No la despedazaré yo a ella, sino a la puerta que la encubre.

DOÑA LORENZA

No hay para qué, véla aquí abierta; entre y verá como es verdad cuanto le he dicho.

CAÑIZARES

Aunque sé que te burlas, sí entraré para desenojarte.

Al entrar CAÑIZARES, *dánle con una bacía de agua en los ojos; él vase a limpiar; acuden sobre él* CRISTINA *y* DOÑA LORENZA, *y en este ínterin sale el* GALÁN *y vase.*

CAÑIZARES

5 ¡Por Dios, que por poco me cegaras, Lorenza! Al diablo se dan las burlas que se arremeten a los ojos.

DOÑA LORENZA

¡Mirad con quién me casó mi suerte, sino con el hombre más malicioso del mundo! ¡Mirad cómo dió crédito a mis mentiras, por su . . . , fundadas en materias de celos, que menoscabada[109] y 10 asendereada[110] sea mi ventura! Pagad vosotros, cabellos, las deudas deste viejo; llorad vosotros, ojos, las culpas deste maldito: mirad en lo que tiene[111] mi honra y mi crédito, pues de las sospechas hace certezas, de las mentiras verdades, de las burlas veras y de los entretenimientos maldiciones. ¡Ay, que se me arranca el alma!

CRISTINA

15 Tía, no dé tantas voces, que se juntará la vecindad.

ALGUACIL

(*De dentro.*) ¡Abran esas puertas! Abran luego; si no, echarélas en el suelo.

---

109 **menoscabado:** deteriorado. 110 **asendereado:** perseguido. 111 **tener:** estimar.

DOÑA LORENZA

Abre, Cristinica, y sepa todo el mundo mi inocencia y la maldad deste viejo.

CAÑIZARES

¡Vive Dios, que creí que te burlabas, Lorenza! Calla.

Entran el ALGUACIL *y los* MÚSICOS, *y el* BAILARÍN *y* ORTIGOSA.

ALGUACIL

¿Qué es esto? ¿Qué pendencia es ésta? ¿Quién daba aquí voces?

CAÑIZARES

Señor, no es nada; pendencias son entre marido y mujer, que luego se pasan. 5

MÚSICO

¡Por Dios, que estábamos mis compañeros y yo, que somos músicos, aquí pared y medio, en un desposorio,[112] y a las voces hemos acudido, con no pequeño sobresalto, pensando que era otra cosa!

ORTIGOSA

Y yo también, en mi ánima pecadora. 10

CAÑIZARES

Pues en verdad, señora Ortigosa, que si no fuera por ella, que no hubiera sucedido nada de lo sucedido.

ORTIGOSA

Mis pecados lo habrán hecho; que soy tan desdichada, que, sin saber por dónde ni por dónde no,[113] se me echan a mí las culpas que otros cometen. 15

---

112 **desposorio:** fiesta en que se desposan los novios. 113 **sin saber por dónde, ni por dónde no:** sin conocer en absoluto los motivos; se dice cuando uno es inocente.

CAÑIZARES

Señores, vuestras mercedes todos se vuelvan norabuena, que yo les agradezco su buen deseo; que ya yo y mi esposa quedamos en paz.

DOÑA LORENZA

Sí quedaré, como le pida primero perdón a la vecina, si alguna cosa
5 mala pensó contra ella.

CAÑIZARES

Si a todas las vecinas de quien yo pienso mal hubiese de pedir perdón, sería nunca acabar; pero con todo eso, yo se le pido a la señora Ortigosa.

ORTIGOSA

Y yo le otorgo para aquí y para delante de Pero García.[114]

MÚSICO

10 Pues, en verdad, que no habemos de haber venido en balde: toquen mis compañeros, y baile el bailarín, y regocíjense las paces con esta canción.

CAÑIZARES

Señores, no quiero música: yo la doy por recebida.

MÚSICO

Pues aunque no la quiera.

Cantan:

15 El agua[115] de por San Juan
Quita vino y no da pan.
Las riñas de por San Juan

---

114 **Pero García:** Nótese que ahora se diría Juan Pérez (*John Doe*). 115 **agua:** lluvia.

Todo el año paz nos dan.
Llover el trigo en las eras,
Las viñas estando en cierne,[116]
No hay labrador que gobierne
Bien sus cubas[117] y paneras;[118] 5
Mas las riñas más de veras,
Si suceden por San Juan,
Todo el año paz nos dan.

Baila

Por la canícula[119] ardiente
Está la cólera a punto; 10
Pero pasando aquel punto,
Menos activa se siente.
Y así, él que dice no miente
Que las riñas por San Juan
Todo el año paz nos dan. 15

Baila

Las riñas de los casados
Como aquesta siempre sean,
Para que después se vean,
Sin pensar, regocijados.
Sol que sale tras nublados, 20
Es contento tras afán:
Las riñas de por San Juan,
Todo el año paz nos dan.

CAÑIZARES

Porque vean vuesas mercedes las revueltas[120] y vueltas[121] en que me ha puesto una vecina, y si tengo razón de estar mal con las vecinas. 25

---

116 **en cierne:** en flor. 117 **cuba:** recipiente de madera para líquidos, en particular vinos. 118 **panera:** cámara donde se guarda la harina. 119 **canícula:** período del año en que son más fuertes los calores, del 23 de julio al 2 de septiembre. 120 **revuelta:** riña. 121 **vuelta:** pendencia.

DOÑA LORENZA

Aunque mi esposo está mal con las vecinas, yo beso a vuesas mercedes las manos, señoras vecinas.

CRISTINA

Y yo también; mas si mi vecina me hubiera traído mi frailecico, yo la tuviera por mejor vecina; y adiós, señoras vecinas.

PREGUNTAS

1. ¿Cómo se explica la psicología del viejo celoso?
2. ¿Cómo explica Vd., en general, la psicología de los celos?
3. ¿Qué significa y qué aplicación tiene en esta obra el refrán latino *usque ad aras amicus*?
4. Explique las relaciones que existen entre Doña Lorenza y Cristina, y describa sus personalidades.
5. ¿Qué es el cantar de Gómez Arias, qué relación tiene con esta obra, y cuál es el significado de esa relación?
6. Describa la apariencia física de Cañizares.
7. Dé una lista de las manifestaciones celosas de Cañizares.
8. ¿Cuál es la función dramática de Ortigosa, y cómo cumple con ella?
9. ¿Qué revela el inconsciente error de Ortigosa de llamar *Matute* a Matusalén?
10. ¿Cómo entra y cómo sale el galán de la casa de Cañizares?